KB105248

공무원으로 살아남기

공무원으로 살아남기

초판 1쇄 발행 2023년 12월 12일

지은이 김수연

펴낸이 강기원
펴낸곳 도서출판 이비컴

편 집 김선희
마케팅 박선왜
일러스트 언언

주 소 서울시 동대문구 고산자로34길 70, 431호
전 화 02)2254-0658 팩 스 02)2254-0634
메 일 bookbee@naver.com
출판등록 2002년 4월 2일 제6-0596호

ISBN 978-89-6245-217-4 (03190)

공무원으로 살아남기

나는 박봉에도 대출 없이
기부하며 미래를 꿈꾸며 산다

김수연 지음

이비락樂

공무원 1%,
12만 꿈을 조롱하지 말라

"99%는 지금도 공직을 무던히 지켜내고 있습니다. 그것이 돈 때문이든, 자신의 소명 때문이든.

우리 사회 시스템을 지탱하려 애쓰고 있습니다. 수해 복구 현장에서든, 열악한 교육 환경에서든."

퇴직 열풍

요란합니다. 언론과 인터넷에서.

공무원 전원이 사표라도 낸 것 같습니다. 실상은 어떨까요? 퇴사자는 전체 구성원의 1%도 안 됩니다. 1%도 안 되니, 문제가 없다? 그런 말이 아닙니다. 공직이든 기업이든, 취업이 쉽지 않습니다.

험난한 과정을 뚫느라 시간, 돈, 에너지. 많은 자원이 투입됩니다. 그러니 조기 퇴사가 발생하는 건, 개인과 사회 모두에 큰 손실입니다.

공무원이 좋으니, 계속 다니라는 말도 아닙니다. 소셜 미디어 세상이 되면서, 직업 다양성이 많이 증가했습니다. 인플루언서들은 사진 한 장만 올려도 직장인 월급은 우습다고 하지요.

돈을 떠나 자신이 품고 있던 꿈을 펼치는 분들이 생겨났습니다. 공직에 어렵게 들어왔지만, 자신에게 더 맞는 꿈을 찾을 수도 있습니다.

인터넷에서 그런 경험을 글로 쓰시는 분도 있습니다. 다양한 인생을 경험해 보겠다며, 공직을 그만두고 여러 일에 도전하는 모습을 보여주는 분입니다.

그런 분을 보면 경외감이 들기도 합니다.

공범

하지만 자신의 꿈을 찾아 도전하는 경우는 별로 없었습니다. 인터넷 플랫폼에 글 쓰는 현직 공직자들은 대부분 불평만 쏟아냅니다.

아무 대안도 없는 불평이 대부분입니다. 대안을 제시하는 척하지만, 누군가 나서서 바꿔 달라. 그런 그럴싸한 의미 없는 대안을 제시합니다. 불평만 제기하는 현직자들도 결국 현재 조직 문화의 공범입니다.

공직 퇴사자들은 더러운 공무원 생활 썰을 풉니다. 공무원 계를 떠났지만 지박령처럼 계속 공직 생활을 돌아봅니다. 더럽다면서, 그 과거에서 한 걸음도 내딛지 못합니다. 그런 공무원 현실이 안타까워 이 책을 쓰게 됐습니다.

Z세대의
열정

저는 2008년. 9급 지방 행정직 공무원이 됐습니다. 면사무소 버스 승강장 업무부터 시장님 비서까지 업무를 다양하게 경험했습니다.

그 업무의 다양함이 처음엔 두려웠지만, 시간이 지날수록 겉모습만 다를 뿐 모두 비슷한 일이란 걸 알게 됐습니다.

다양한 업무를 경험한 덕분에, 6급인 제게 업무와 직장생활을 물어오는 20대 후대들이 있습니다. 젊은 그들은 한결같이 열정이 있었습니다.

초보 공직자라서 당연히 서툴지만, 배우려는 열정이 있습니다. 미디어에서 봤던 Z세대와는 달랐습니다.

단, 한 명이라도

후배들이 제게 묻는 건 늘 같았습니다. 저도 늘 같은 대답을 하고 있음을 어느 순간 깨달았습니다. 그들이 주로 묻는 말에 정답은 아닐지라도, 제 나름의 생각과 해답을 써나갑니다.

공무원 시험 경쟁률이 낮아졌다고 합니다. 하지만 2023년 국가직 9급 필기시험 접수자 수가 몇 명인지 아시나요? 12만 명입니다. 숫자가 아니라 12만의 사람입니다.

공시생이라는 분이 젊은 공무원들의 퇴사 소식을 보며 심란했는데, 제 글에 힘을 얻고 간다는 댓글을 남긴 적이 있습니다.

1%도 안 되는 활동적 소수의 목소리가 너무 큽니다. 부정적인 목소리는 인터넷에서 확산력이 넓지요. 99%는 지금도 공직을 무던히 지켜내고 있습니다. 그것이 돈 때문이든, 자신의 소명 때문이든 우리 사회 시스템을 지탱하려 애쓰고 있습

니다. 수해 복구 현장에서든, 열악한 교육 환경에서든….

공직 퇴사자 여러분, 소수의 불평 많은 현직자 여러분, 12만 도전자의 열정을 우습게 만들지 맙시다. 공시생 여러분, 공직에 적응하느라 애쓰고 있는 동료분들...

고민 끝에 공직이 내 길이 아니라는 결론을 얻더라도, 그 결론이 다른 누구의 불평 때문이 아니었길 바랍니다. 자신의 목소리에 귀 기울인 선택을 하셨으면 좋겠습니다.

1장은 적정 출근 시간 같은 기본기와 조직 생활 대처법을,

2장은 일 쉽게 하는 방법과 승진에 관해 다룹니다.

3장에서는 월급관리와 박봉으로 살아가는 법을,

4장에서는 직장의 소중함과 공무원이 꿈꾸는 소박한 삶을 이야기합니다.

후배와 동료분들이 자주 궁금해했던 내용만 다루었습니다. 그래서 차례를 보고 궁금한 부분부터 보셔도 지장 없도록 구성했습니다. 처음부터 순서대로 읽는다면, 공무원이 되어 그 삶을 살아보는 것처럼 느껴지실 것 같습니다.

공시생이든, 현직자든, 퇴사를 고민하든 공직에 삶을 두고 갈등하는 누군가에게 제 글들이 도움이 된다면 제 인생에 큰 보람이겠습니다.

일러두기 _____

· 본 내용에서 꾸며 쓴 부분은 없습니다. 다만, 개인을 특정할 수 있는 에피소드는 면장님으로 서술된 딱 한 분뿐입니다. 혹시 내 이야기인가? 싶으셔도 본인이 아님을 알려드립니다. 개인이 특정될 만한 사안은 일부러 쓰지 않았습니다.

· 글 분위기상 저자의 나이는 현재 통합된 '만' 나이와 과거 한국식 나이가 섞여 있음을 알려드립니다.

· 독자의 본문 이해와 공감을 위해 구어체와 SNS, 대화 등에서나 쓸법한 약어, 속어 등을 병행하여 서술하였음을 양해바랍니다.

차례 _____

2장 공무원으로 살아남기

보고서 쓰기 보다 어려운 건? 보고 하기

더 어려운 건 역시 ... 사람

승진에 대하여

3장 공무원으로 살아보니

알았지만 ... 역시, 박봉이야.

월급관리 ... 기본만 하자.

박봉이라고 처량하게 살진 말자

1장

공무원으로 살아가기

공무원 시작 … 어떤 마음으로?

오늘도 출근

알쏭달쏭 조직 생활 … 대처법!

공무원 되자마자
퇴사를 고민하는 당신에게

왜 공무원이 되셨나요?
왜 공무원이 되려고 하나요?

공무원. 할 게 없었어요. 이것 말고는. 2년 공부하고 합격. 2008년에 처음 면사무소로 출근했어요. 그땐 대학에서 한 과에 50명이 있다면 45명이 공무원 시험을 준비할 정도였죠.

여러분은 어쩌다가 공무원에 들어왔나요. 제가 입사할 때나 지금이나 초임 월급이 말도 안 되게 적은 건 변함 없어요.

17

그런데 물가가 많이 올랐죠. 급여 상승은 거의 이루어지지 않았고요. 지금 초임 월급으로 어쩌면 연애하는 것도 불가능할 것 같네요.

예전엔 대학 졸업생들이 경기가 호황이면 은행으로, 불황이면 공무원으로 몰렸어요. 지금은 경기가 불황이고, 공무원 채용 규모를 줄이는데도 공무원 임용 시험 경쟁률이 낮아지고 있는 어리둥절한 상황이지요. 그런 상황에서 여러분은 무엇 때문에 공무원에 들어오셨나요?

돈. 저는 돈 때문이었어요. 돈을 벌어야 하니까요. 당시 월급으로 120~130만 원을 받았어요. 주변에선 월급이 적다고들 했죠. 저는 매월 정기적으로 그 정도 돈이 들어오는 것이 꽤 괜찮았어요.

육체노동 하시는 아버지가 벌어오시는 수입은 들쭉날쭉했고, 그 수입 자체도 그렇게 많지 않았던 가정에서 살았으니까요.

대학생 때 우체국에서 1년간 아르바이트 했었는데, 그때 7급 공무원 분에게 1997년 IMF 외환위기 땐 어땠냐고 물어보니, 월급은 삭감되었지만 그래도 월급이 나왔다는 그 말도 저에게는 크게 작용했고요. 저는 그런 급여의 안정성, 즉 경험해 본 적 없는 삶의 안정성이 필요했어요.

공무원 사직이라는 새 일상

공무원 열풍이 불었던 건, 이렇게 IMF가 큰 몫을 했겠죠. 비리 같은 큰 사건을 저지르지 않는 한 잘리지 않는 직장. 동료가 퇴사하는 일은 일대 사건이었어요. 하지만 이제 공무원 조직에도 퇴사가 흔한 일이 되었어요. 퇴사해도 좋아요. 이직해도 좋아요. 창업도 좋죠. 옮겨갈 일이 있고, 그곳에서 내 삶을 지속할 수 있다면 퇴사하는 것도 좋은 선택이라 생각해요.

생각지 못했던 직업이 생기고, SNS 운영만으로도 부자가 되는 시대잖아요. 세상을 긍정적으로 바꾸는 일도 요즘은 IT 업체 같은 첨단 기업이 더 잘하는 것 같고요.

그럼에도. 이런 것을 다 알면서도. 공무원이 된 이유가 있을 거예요. 공무원의 인기가 시들해졌든 어쨌든, 내 삶의 시간을 투자해 공무원이 된 이유요.

그런 직장을 퇴사할 때도 역시 자신만의 이유가 있었으면 좋겠어요. 퇴사하는 것은 좋지만 그것이 온전히 내 삶을 중심에 둔 결정이면 좋겠다는 이야기에요. 저도 늘 조기 은퇴를 꿈꾸지만, 아직 다니는 것은 조기 은퇴를 위한 삶의 준비가 되지 않았기 때문이에요. 내 삶을 중심에 둔 퇴직이 아니라 그저 공무원이라는 직업의 직장생활이 힘들어서 퇴사를 고민하는 분들께 조금이라도 도움이 될 이야기를 해드리고 싶네요.

당신의 목적지는?

자. 여러분은 왜 공무원 세계에 들어오셨나요. 제가 공무원으로 살면서 본, 공직자들이 직장에서 추구하는 목표는 네 가지에요. 돈(편한 월급), 승진(명예), 관계(모임), 공헌(가치).

출근해서 일하고 월급 받는 공무원이 추구하는 목표가 있다니. 무슨 말도 안 되는 이야기냐고요? 진부한 이야기지만 목적지를 정하지 않고 길을 가면 계속 흔들릴 수밖에 없어요. 그건 흥미진진한 모험이 아니라 단순 경로 이탈이죠.

우리가 출근하면 삼 일에 한 번씩은 들을 수 있는 사내 안내방송이 있죠. "나랑 동긴데 저 자식은 승진하는데, 왜 나만 승진이 안 돼." 이런 말 들으면 어떤가요. 물론 정말 억울한 경우도 있어요.

하지만 어떤가요. 직장동료가 믹스커피 원샷하며 저 이야기 할 때 속으로 이렇게 생각해 본 적 없으신가요? '뭐야, 저렇게 생활하면서 승진을 바라고 있었던 거야?' 그 동료의 잘못된 점은 무엇일까요? 일을 제대로 안 하고, 직장생활도 원만하지 않은 거요?

아니요. 그런 잘못이 아니에요. 다만 그는 그 자신의 직장 목표가 무엇인지 몰랐던 것뿐이죠. 그게 승진인지 그냥 돈을 벌기 위해서 편한 자리에 가서 출퇴근하는 것이 목적인지…

공무원 생활을 하면서 승진을 목적지로 정하고, 편한 월급을 추구하고 있다면 방황할 수밖에 없어요. 경로 이탈이에요. 목적지만 명확해도 우리는 제대로 갈 수 있어요.

당신의 공직 생활 목적지는 어디인가요? 공시생이든, 9급이든, 7급이든. 혹시 6급이라도. 꼭 한번 생각해 보시기 바랄게요.

일을 대하는 태도가
인생을 대하는 태도

직장보다 바꾸기 쉬운 건?
태도

《국민 삶의 질 2022 보고서(통계청)》에 따르면 임금 근로자의 2021년 월간 총 근로시간은 164.2시간입니다. 한 달 중 거의 4분의 1이죠.

실제론 4분의 1을 훨씬 넘습니다. 공무원이든 직장인이든 자영업자든. 출근하는 시간만 일하는 게 아니니까요. 내가 맡은 일 그 자체. 일로 만나는 사람. 월급으로 꾸려가는 생활. 일 때문에 지쳐 휴가.

삶에서 일과 관련 없는 걸 찾는 게 더 어렵습니다. 그렇기에 일을 대하는 태도는, 곧 인생을 대하는 태도입니다.

흔히 말합니다. "그만두고 커피숍이나 차릴까." 저도 책과 커피를 좋아해, 종종 은퇴하고 책방 차리는 상상을 합니다. 책방 사장님들 만나면, 한참 제 꿈을 이야기합니다. 하지만 그거라고 쉬울까요. 책방, 커피숍 사장님들 이야기 들어보면, 상상 초월하는 손님들 이야기에 놀랍니다. 악성 민원 넘쳐납니다.

사람 사는 곳에서, 돈 벌며 겪는 일은 비슷한가 봅니다. 그럼, 일을 바꿔도 계속 비슷한 어려움을 겪지 않을까요? 직장 상사가 싫어 그만두고 커피숍을 차려도, 상사보다 더한 또라이를 마주하게 되는 것처럼요.

그렇다면, 직업 대신 일을 대하는 태도를 조금만 바꿔보면 어떨까요.

회사일이 아닌
내 일

저는 공무원 생활을 반 정도 지났습니다. 반이 남았고요. 그래선지 요즘 공무원이란 직업이 제겐 어떤 의미일까를 자주 생각합니다. 그런 제 고민을 해결해 준 책이 있습니다. 바로,『내가 가진 것을 세상이 원하게 하라』(2023, 해냄) 입니다.

제일기획에서 부사장까지 하신 '최인아'님이 쓰신 책입니다. 이 책은 일의 본질과 의미 찾기를 이야기합니다. 대기업을 30년이나 다니신 분도, 일의 본질을 찾으려 노력합니다.

또, 그런 이야기가 베스트셀러인 걸 보면, 사람은 누구나 비슷한 고민을 하는 것 같습니다. 공무원만 그런 건 아니니, 너무 외로워하거나 힘들게 생각하지 맙시다.

최인아 작가님은 이렇게 말합니다. '회사 일을 해주는 게 아니라 내 일을 하는 것'이라고요. 작가님은 30년 직장생활을 은퇴하고 책방을 차리셨습니다. 사람들에겐 농담처럼 이렇게 말씀하신다고 합니다.

'제일기획 시절에 연봉을 받으며 훈련받고 경험했던 모든 걸 책방에 쏟아내고 있다.'

작가님은 '자기가 하는 일의 의미와 본질에 대해 아직 명확한 관점이 생기지 않았다고 해도 포기하지 말고 계속 고민'하라고 말합니다. 결국 '당장은 알 수 없는 미래의 일에 지지대가 되어준다.'라고 말하면서요.

저는 이 말이 마치 저에게 그리고 길을 잃은 공무원들에게 하는 말 같았습니다.

일단
가봅시다

애니메이션을 철학으로 끌어올린 거장.《공각기동대》의 감독. 오시이 마모루는 책『철학이라 할 만한 것』(장민주 역, 2018, 원더박스)에서 전봇대에 붙어 있던 구인 광고를 보고 애니메이션 업계에 들어가게 됐다고 말합니다. 먹고 사는 것에 필사적인 시대였기에, 직업이 맞는지 안 맞는지는 생각하지 않았다고 합니다.

이 세계적 거장도 '일을 대하는 방식이 달라지지 않는 한, 직업을 전전해봤자 천직을 만날 수 없다.'라며, 최소한 3년은 한 직장을 다녀보라 합니다.

대기업을 30년 다녔던 부사장도, 세계적 거장도 일단 다니면서 고민하랍니다.

공무원 직장생활이 만족스러운 건 아니지만, 그렇다고 크게 싫지도 않다. 많은 공무원의 진짜 속마음은 이거 아닐까요? 삶에서 만나는 다른 모든 것도 마찬가지입니다. 완벽한 식사, 완벽한 사람, 완벽한 여행…

이런 완벽한 순간이 삶에서 과연 몇 번이나 있을까요.

그걸 알기에 불만이 있어도 퇴사하지 않습니다. 그런 우리들. 99%의 공무원은 그럭저럭 힘들고, 가끔은 웃을 수 있는 일터로 오늘도 향합니다.

뭔가 찾을 때까지, 한 번 가봅시다.

"오래가는 놈이 강하다"
공무원으로 남은 당신

"퇴사하지 않고, 오늘도 출근한 당신. 실패하지 않았다.
시시포스 형벌 같은 일상을 묵묵히 견뎌낸 것만으로도
우리는 뭔가 해냈다."

정말 대퇴사 시대고, 모두가 퇴사하는가?
결국, 활동적 소수

대퇴사 시대. 공무원이 아니라도 퇴사가 유행이다. 사유는
다양하다. 좀 더 좋은 공직이나 회사에 합격한 경우. 아예 다
른 직종으로 전직이나 창업. 좋다. 인생의 방향을 내 손으로
움직이는 모습은 언제나 멋지다.

하지만 퇴사하는 사람은 극소수다. 조직원이 1,000명이면,
갑작스러운 퇴사자가 100명은 되는가? 그렇지 않다. 예정에
없던 퇴사를 하는 사람이 제로였던 시대에서, 퇴사하는 사람
들이 생겨난 시대로의 변화일 뿐이다.

SNS 시대. 고자극 시대다. 소수가 다수로 보이는 착시가 일어난다. 소수의 특별한 사람을 케이블 티브이 프로그램에 빗대어 '화성인'이라고 불렀다. 지금은 소수 특별한 사람의 모습이 마치 모든 사람의 모습인 것처럼 묘사된다.

퇴사가 별거 아니니 잘못된 임금 체계, 조직 문화를 내버려두자는 말이 아니다. 문제는 따로 있다.

무기력을 만들어내는 시대

미디어는 물론이고, 최근엔 공조직까지 나섰다. 한 지역은 젊은 공무원이 떠나는 걸 막겠다며, 나무 심는 행사를 해서 조롱을 받았다.

보도에 따르면 그 시에선 작년에 10명이 퇴사했다고 한다. 그곳 시청 홈페이지에 공개된 총 공무원 수는 1,841명이다. 모두 지나치게 퇴사자에 집중하고 있다.

저 뉴스를 보고 웃음이 나왔지만, 조롱하고 싶지 않다. 공무원 임금이나 인사 제도를 손볼 권한이 없는 지자체에서 생각해 낸 정말 절박한 정책이었을 거다. 남은 공직자의 자부심을 세워주기 위해 뭐라도 해보자는 시도였을 것이다.

이러한 것이 남은 공무원들, 남은 직장인들을 무기력하게 만들고 있다는 것이 문제다. 실제로 나와 함께 근무하는 젊은 직원들에게 들은 말이다.

'능력 없는 사람들만 퇴사하지 않고 남았어요.'

SNS를 비롯한 각종 뉴미디어. 조직의 대응까지 퇴사자에 집중되고 있다. 퇴사하는 사람들은 성공한 사람이고, 계속 다니는 사람들은 실패자라는 메시지가 전달되고 있다.

오래가는
당신이 강하다

공무원은 지역 전출 제한이 있다. 그래서 다른 시청이나 군청으로 옮기기가 쉽지 않다. 그래도 보이지 않는 힘을 사용해 대도시나, 생활 여건이 좋은 곳으로 가는 사람은 늘 있다.

남은 자들은 그런 것에 분노한다. 나는 분노하는 직원들에게 이렇게 이야기 해 준다. "아우 갈 사람들은 빨리 가야 해. 이왕이면 나랑 같은 행정직으로. 하하하. 그래야 승진 경쟁자가 줄어들지. 얼마나 좋아."

떠난 사람은 그곳에서 계급이 강등되기도 하고, 조직문화적으로 승진이 늦어지기도 한다. 결국 오래가는 사람이 강하다. 떠나야 할 사람은 떠나야 한다. 조직을 혐오하면서까지 다니는 건 본인 자신과 조직 모두에 도움이 안 된다.

떠나는 사람의 이야기를 들어야 한다. 왜 떠나는지 정확하게 들어야 한다. 그래서 바꿔야 한다. 제도도, 문화도.

무언가 바꿀 때는 남은 자들의 이야기를 들어야 한다. 오늘도 조직을 굴려 가는 것은 결국 남은 사람들이다.

퇴사하지 않고, 오늘도 출근한 당신. 실패하지 않았다. 시시포스 형벌 같은 일상을 묵묵히 견뎌낸 것만으로도 우리는 뭔가 해냈다.

퇴사자만큼이나 당신도 성공한 사람이다.

9시 전에
출근하라고?

9시. 명확하다. 9시까지만 출근하면 된다. 출근은 사무실 들어가는 시간.

현실은? '9시보다 조금 더 일찍 가야 한다면, 그만큼 돈을 더 달라. 꼰대 짓 하지 마라.' '아니다. 요즘 애들은 글렀다.'

인터넷에 자주 출몰하는 논쟁이다. 이런 정상 회담급 진지한 토론이 계속된다는 건, 8시와 9시 사이 어느 즘에 적정한 출근 시간이란 녀석이 있다는 이야기다.

나도 초임 시절 상사에게 배운 적정 출근 시간이 있다. 그분이 말해준 시간은 사무실에서 가장 높은 분이 출근하기 직전이다. 본인은 네가 몇 시에 오든 개의치 않을 테니, 그분 오기 전에만 오라는 뜻이기도 했다.

요즘 세대 문제라고 하지 말자. 15년 전에도 있던 일이다. 내가 일하는 공직에서 적정 출근 시간을 권고하는 공지를 감사부서에서 내린 적도 있다. 지금이나 그때나 9시까지 출근하면 되지 뭐가 문제냐는 생각은 늘 있었다.

100년 전에 태어나셨던 에리히 프롬이 쓴 책을 지금 읽으면 사회가 하나도 달라지지 않은 것 같은 느낌이 든다. 그것과 같다. 인간은 늘 거기서 거기다. 만약 요즘 더 이 문제가 주목받는 거라면, 온정주의 사회에서 계약 사회로 이행하고 있다고 생각하면 될 것 같다.

아무튼, 사회야 어떻든, 그건 그거고 무엇보다 중요한 것은 내 출근 시간

십여 년 전, 인터넷 커뮤니티에 동료가 9시에 딱 맞춰 출근한다고 비난하는 글이 있었다. 9시까지 출근이니 9시까지 출근하는 게 당연하다는 분위기의 댓글들이 달렸다.

그런데 생각해 보자. 당신은 관공서가 문 열자마자 서류를 떼야 하는 상황이다. 관공서 여는 시간은 9시. 당신이 9시부터 관공서를 들렀으면, 아마 뭔가 무척 급한 상황에 부닥쳤을 것이다. 관공서 운영 시간이 9시부터라고 하니, 당연히 9시에 신분증을 내밀면 서류를 떼줄 거로 생각했을 거다.

당신에게 서류를 발급해 줄 직원도 9시에 출근했다. 정시 출근이다. 직원은 9시에 도착해서 컴퓨터를 켠다. 서류 발급 시스템을 켜는데, 과거엔 네트워크 속도가 느려 컴퓨터 부팅부터 서류 발급까지 15분이 소요되기도 했다.

자신이 이런 일을 겪어도 9시 출근이면 9시까지만 오면 된다고 양해해줄 수 있을까?

그래서 일찍 나오라는 말이냐고? 아니다. 자신의 업무에 적당한 출근 시간을 찾으면 된다. 내가 생각하는 적정 출근 시간은 내 업무를 9시에 정상적으로 시작할 수 있는 시간이다.

9시 2~3분 전에만 와도 컴퓨터 켜고 바로 업무를 할 수 있는 일도 있다. 나도 실제 그런 부서에서 일할 때가 있었다. 하필 부서 책임자가 내 인사도 안 받아주는 적대적인 상황이었다.

나 싫다기에 나도 9시 직전에 출근해서 6시 땡하면 인사도 안 하고 퇴근했다. 물론 이럴 때는 일을 빈틈없이 해야 한다.

업무 중에 화장실도 거의 안 갔다.

또 7시 30분 출근을 2년 가까이 한 적도 있다. 그 업무를 제대로 수행할 수 있는 출근 시간이 7시 30분이었다. 지금도 시장님 결재를 신청해 놓은 날이면 최소 1시간 전에 출근한다. 갑자기 비서실에서 아침 8시 20분에 결재가 된다고 연락이 올 수도 있기 때문이다.

내 업무에 맞는 시간을 찾아서 출근하면 된다. 출근한다는 건 우리가 어딘가에 속해 있다는 뜻이다. 그 월급을 받는 동안은 그곳에 매여있다. 내 월급만큼만 1인분만큼만 일하면 된다는 말이 있던데, 출근 시간에 있어서 1인분은 내가 정시에 정상적으로 업무를 시작할 수 있는 시간이다.

출근 시간을 9시에 딱 맞춰 내 시간을 1분도 허비 안 하겠다는 생각으로 사는 사람은 없겠지만, 만약 그렇게 산다면 본인은 얼마나 피곤할까.

결국 다 사람들이 모여서 하는 일이다. 물 흐르듯 하자.

"돈 들어도 옷 좀 사" 면장님의 인생 조언

평생 도움 된 사무관의 조언

"퇴근 후, 회의입니다." 불길하다. 6시 30분에 면장실(5급)에서 전 직원회의다. 회의 내용은 모른다. 동사무소와 같은 면사무소. 이 좁은 곳에서 무슨 비밀회의인가. 그것도 퇴근 후에.

"돈이 들어도 옷 좀 사 입고 하셔야 합니다." 면장님 말씀이다. 뭐지. 공무원이 아무리 돈을 못 벌어도, 옷은 다 사서 입지. 빌려 입기라도 한단 말인가?

이 일은 16년 전. 내가 9급 신규 직원일 때 있었던 일이다. 시골 면사무소. 현장 나갈 일이 많다. 비포장도로, 논, 밭, 산, 하수도. 이런데 다니면 몸으로 때우는 일도 제법 있다.

당연히 옷이 점점 편해진다. 토목직인 5급 면장님. 당연히 아신다. 그래도 우리 옷차림이 편해도 너무 편해 보였나 보다. 면바지에 티셔츠 정도였지만, 공무원처럼 느껴지지 않으셨던 거다.

면사무소엔 5급부터 9급까지 골고루 있다. 특이하게 우리 사무실만 9급이 절반이나 있었다. 9급이 많았으니 사무실이 알록달록했을 거다. 공직자인 만큼 자세를 바르게 하고, 옷을 깔끔하게 입으라는 조언.

그분은 은퇴 직전 시청에서 4급 국장으로 근무하셨다. 복도에서 수첩을 한 손에 끼고 꼿꼿한 자세로 걸으셨다. 하위 직원이 슬리퍼 끄는 모습과 대비됐다. 본인의 철학을 몸으로 보여주셨다.

그 사무관은 내 아버지와 나이가 비슷하시다. 나중에 4급으로 은퇴하시고 내가 6급으로 시장 비서일 때 공식적인 자리에서 만났다.

"니, 나 기억하니?"

주변 분들이 물었다.

"아니 갑자기 비서 군기 잡는 거예요?"

내가 말했다. "아니에요. 제 초임 9급 때 첫 면장님이셨어요. 그때 공무원은 항상 자세를 바르게 해라, 늘 깔끔한 모습을 유지해라. 말씀해 주신 걸 지금도 기억하고 있습니다."

곁에 있던 4급 은퇴자분들이 그분을 무척이나 부러워하시며 말했다. "이야, 역시 그 아버지에 그 아들이네. 잘 키웠네."

단순했던 그 조언. 내가 공직 생활에서 인정받는 데 큰 도움이 됐다.

옷차림은 과학이다

바디랭귀지 전문가 또는 멘탈리스트라 불리는 토르스텐 하베너의 책 『생각을 읽는다』(송경은 역, 2016, 마일스톤)에 나오는 이야기다.

"흰색 가운을 입은 참가자들은 평상복을 입은 참가자들에 비해 읽기에서 실수를 절반 정도 작게 했다. 흰색 가운을 입는 것만으로도 참가자들의 능력을 개선한 것이다. 의사들은 지적이고 꼼꼼하다는 고정관념이 강하게 작용되어서 가운을 걸치고만 있어도 그 순간 집중력이 더 높아졌기 때문이다."

"(백화점에서 물건을 훔치는 실험) 재킷을 입은 남자를 신고할 땐 주저하듯 의심했는데, 차림새가 후줄근한 '도둑'에 대해서는 거의 확신하는 의심이었다."

"옷차림은 다른 사람이 나를 어떻게 생각하느냐에만 영향을 주는 것이 아니라, 나 자신의 정신적 힘에도 영향을 준다."

옷이 자기표현, 자기만족?
꼰대들이 넘실대는 이곳에서?

저 실험의 의미는 뭘까. 옷차림은 직장생활의 성패를 좌우할 수도 있다는 거다. 그리고 성패를 좌우하는 건 T.P.O.다.(시간, 장소, 상황)

비서로 처음 발령받았을 때, 집에 있던 카멜색 재킷을 입었다. 적당히 캐쥬얼하면서도 차려입었다는 느낌이 든다. 출근했다. 그리고 주말에 바로 대형 아웃렛에 갔다. 다크네이비 재킷을 샀다. 눈에 띄지 말아야 할 비서인 내가 제일 눈에 띄었으니까. 나 말고 전부 다 검정과 진한 네이비 재킷을 입고 있었다.

그럼 비싼 옷을 사야 할까? 아니다. Z세대는 1인분만 일하기로 정했다. 꼰대인 나도 1인분만 하고 싶다. Z세대는 오죽하겠는가. 갈수록 물가가 오르고 월급은 그대론데.

출근용으로 비싼 옷을 산다? 1인분만 하러 오지 않았는가? 데이트하거나, 여행 가는 옷차림 이야기가 아니다. 출근할 때다. 옷은 자기만족인 것 안다. 하지만 1인분만 하러 온 직장에서 옷으로 자기만족을 할 필요가 있을까.

자. 그럼 자기표현은 어떨까? 옷이나 액세서리는 자기표현 수단이다. 직장에서 자기표현이 필요할까? 당신이 공무원이라면 혹은 그냥 사무직 직장인이라도. 꼰대 부대가 넘실대는 이 사무실은 만만한 곳이 아니다.

당신이 반클리프 목걸이를 하고 와도

"이이~ 그거 우리 동네 금은방에 있는 거 아니여, 하나 산 겨~."

당신이 발렌시아가 신발을 신고 와도

"아고 우리 신입 월급이 즉긴 즉나벼, 어서 천조가리를 줏 어와서 신고댕기네~ 다들 돈 좀 걷어봐."

이런 취급. 안 봐도 뻔하다.

스티브 잡스도 신경 안 쓰는데, 내가 뭐라고. 단순하고 깔끔하게

저 가상의 이야기는 사실 틀렸다. 직장에선 아무도 당신 옷 차림에 관심 없다. 당신이 정말 T.P.O.에 맞지 않는 옷을 입지 않는 한.

자기 업무를 보면 된다. 비서로 생활하며 국회, 정부 청사 를 다닐 땐, 나도 시골 공무원처럼 하고 다니지 않았다. 정장 에 늘 셔츠를 입었다.

대외 협력 업무처럼 늘 외부 주요 인사를 만난다면 조금 신 경 쓸 필요는 있다. 그래도 특별히 비싼 옷을 살 필요는 없다.

T.P.O.에 맞고 깔끔하면 된다. 고위 임원이 이 글을 보고 있지는 않을 것 아닌가.

옷을 정해 놓아라. 책 『자신을 컨트롤 하는 초집중력』(멘탈리스트 다이고, 2020, 글로세움)에 따르면 현대인은 하루 평균 70번 정도의 선택을 하거나 결단을 내린다고 한다.

어떤 옷을 입을지, 뭘 먹을지. 아침에 이런 선택을 줄이는 것이 일의 성과로도 이어진다. 선택과 결단을 되풀이할수록 의지력과 집중력이 줄어들기 때문이다.

스티브 잡스처럼 중대한 결정을 하지 않는 우리라도, 그걸 따를 필요가 있다. 우린 돈 벌러 왔지 돈 쓰러 온 게 아니기 때문이다.

딱 정해준다.
직장생활에서 인정받는 가성비 옷차림

지방 공무원 기준이다. 바지. 슬랙스처럼 딱 떨어지는 바지가 좋다. 50대 아저씨들의 힙합바지 같은 속칭 기지바지(양복바지) 입을 건 아니지 않는가.

나는 참고로 등산복 브랜드 칸투칸에서 나오는 SP01 Z208

바지를 입는다. 등산복처럼 편하고 강한 재질이다. 겉으론 정장 느낌이다.

늘 뛰어다니던 비서 시절, 국회 다닐 때도 잘 입었다. 밥을 마시다시피 하다 흘려도 쓱 닦으면 된다.

셔츠는 알아서 편한 것으로 입되, 다림질하지 않아도 되는 것이 좋다. 시간을 아껴준다. 셔츠를 입어야 한다면, 언더아머 컴프레션 셔츠를 안에 입으면 좋다. 셔츠가 땀으로 수건처럼 되는 걸 방지해 준다. 야외출장이나 사무실 에어컨 절전 시, 셔츠 입은 상태에서 땀나면 대참사다.

동사무소나 시청 공무원이면 유니클로나 탑텐 같은 스파 브랜드 기준으로 카라 없는 기능성 라운드 검정 티셔츠를 입어도 된다. 다만 카라가 없으면 예의 없어 보일 수 있다.

그래서 재킷을 늘 들고 다니거나, 사무실 의자에 걸어 놓아라. 재킷은 시청이나 동사무소에 근무하면 스파 브랜드에서 매시 재질이거나 세탁기에 돌릴 수 있는 편한 재킷을 사면 된다.

누구를 만나거나 팀장, 사무관 결재받을 때만 입어라. 당신은 기능성 라운드 티셔츠를 입었음에도 항상 예의 차리는 직원이 된다.

만약 꼭 정장이 필요한 업무를 본다면, 재킷만은 좀 좋은 걸 바지 색깔과 맞춰서 사라. 이 경우에도 꼭 자신의 월급을 생각해서 산다. 비싼 건 고위공직자나 임원이 됐을 때 사자.

정치인들도 정장에 스케쳐스 같은 검정 운동화를 종종 신는다. 얼핏 보면 구두 같은 착시를 일으키기 때문에 가능하다. 꼭 필요한 경우가 아니면 포멀한 구두는 안 신어도 된다.

포인트는 어두운색이다. 저렴한 옷을 사도 다크 네이비, 블랙을 사면 남성이 입기에 좋다. 편하고, 너무 과하지 않게, 적당히 예의 차린 느낌을 준다. 나는 저렇게 구성해서 일 년 내내 출근할 때 똑같은 모습으로 다닌다. 돈도 별로 들지 않고 직장에서 누굴 만나도 적정한 느낌을 준다.

남자인 내가 여성분들 옷을 골라주긴 어렵다. 다만 꼭 당부하고 싶다. 비싸지 않은 걸 사면 좋겠다. 여성분들은 알아서 깔끔한 옷을 잘 고르실 거다. T.P.O.만 이야기하고 싶다.

공중파 방송국에서 생방송이 있어, 아나운서를 만났다. 아주 짧은 스커트를 입으셨다. 그런데 전혀 이상하지 않았다. 그 상황에 어울렸던 거다.

시청 복도에서는 약간만 짧은 치마를 입은 직원을 봐도 흠 칫하게 된다. 주변 상황과 어울리지 않기 때문이다.

돈 벌러 온 직장. 저렴하게, T.P.O.에 맞게.

회사에 당신
책상은 없다

직장은 내 것이 아니죠. 직장의 물건도 내 것이 아니긴 마찬가지고요. 남의 집이에요. 그러니 사무실의 자리도 책상도 내 것이 아니지요.

지금은 '이번 주엔 로또가 되려나?' 하는 마음으로 퇴사를 꿈꿉니다. 입사했을 땐 내 자리가 있다는 게 얼마나 좋던지요. 학생 땐 내 자리라는 것이 없잖아요. 취업 준비할 때도 마찬가지고요. 늘 자리를 찾아 헤맸죠. 강의실 뒷자리, 학원 앞자리, 도서관 구석 자리.

임용되니 책상, 서랍, 컴퓨터, 전화까지 있는 내 자리가 생기더라고요. 시골 9급 공무원인데도 마치 뭔가 된 기분이었어요. 저 연차 땐 가끔 잘 만든 보고서나 결과물도 제 것으로 생각했어요. 1,000명이 넘는 조직에서 일하는 한 명일 뿐인데도, 시야가 좁았죠. 제 반경 2~3미터밖에 못 본 거예요.

좀 옆으로 빠져 더 이야기하자면 초임 땐 이런 마음도 갖죠. '조직에서 내 일이 제일 어려운 것 같다. 내가 부당하게 남보다 일을 많이 한다. 일도 힘들고 열심히 하는데 나만 승진이 안된다.'

저 연차 때 동료들과 술잔 기울이면 다들 비슷한 이야기를 했으니, 저만 그런 생각을 한 건 아닌가 봐요. 시간이 지나며 알게 됐어요. '이 일은 내가 아니어도 누군가 분명히 한다. 내가 하는 일은 조직에서 아주 작은 부분이다. 내가 하는 일은 분명 다른 사람이 하는 일과 연관 되어있다. 나 혼자 만든 일은 하나도 없다.'

8급 선임이나 7급 초반이면, 처음 들어오는 직원에게 문서 작성하는 법부터 이것저것 알려주는 역할을 맡습니다. 요즘은 어느 직종이든 모든 업무가 컴퓨터로 이루어지니 저는 PC 이야기부터 꺼냈습니다.

　"이 컴퓨터는 우리 것이 아니야. 우리는 언제든 이 자리를 비켜줘야 해. 휴가든 인사가 나서 다른 곳으로 가든. 하지만 이 일은 특별한 일이 없으면 계속돼."

"이 책상도 컴퓨터도 내 것이 아니니까, 내 방식대로 사용하면 안 돼. 누구라도 언제든 필요한 파일을 바로 찾을 수 있도록 폴더와 파일을 정리해야 해. 책상에도 개인 물건을 놓지 않는 게 너를 더 일 잘하는 사람으로 보이게 할 거야."

　어쩌면 냉정한 이야기일 수도 있겠네요. 우리가 소모품처럼 느껴지니까요. 또 내 것도 아니니 책임감 없이 직장생활 하자는 이야기로 느껴질 수도 있겠고요.
　하지만 조직 생활해 본 분들이라면 아실 거예요. 바탕화면 가득. 그냥 하는 말이 아니라 정말 바탕화면 전체에 폴더와 파일이 꽉 차 있게 해 놓고 일하는 직원들이 있죠. 자기 개인 노트북인 것처럼요.

그런 직원. 누구든 언제든 그 업무를 수행할 수 있도록 파일 이름까지 보기 좋게 명확히 정리해 놓은 직원. 과연 어떤 직원의 성과가 높고, 일 잘하는 직원이던가요? 인계인수할 때 어떤 직원이 문제가 없던가요?

직장생활 첫걸음은 내 자리가 내 것이 아니라는 인식부터 아닐까요?

공무원이 뭐 하는 거
있다고 바빠?

붕어만도
못하다고?

8초. 인간이 집중할 수 있는 시간. 마이크로소프트 연구진 발표. 금붕어와 비교된 인간. 세상 떠들썩하게 했다. 과장된 것 아니냐는 의견도 있었다.

책 『8초 인류』에 따르면, 이런 실험 10년 전부터 해온 연구팀이 있다. 그 연구팀의 발표. 인간의 집중력은 10년 전엔 3분. 그로부터 4년 뒤엔, 1분 15초. 최근엔 40초.

즉 40초마다 집중력이 흐려지고, 다시 집중하려 노력해야 한다는 뜻. 8초나 40초나, 무슨 차이가 있나 싶다.

인간의 집중력은 왜 계속 짧아질까. 같은 책 『8초 인류』(리사 이오띠, 2022, 미래의창)에선 이렇게 말한다.

> "디지털 미디어 사용의 결과입니다. 우리는 한 링크에서 다른 링크로 옮겨 다니는 것처럼 어떤 것에서 다른 것으로 옮겨갑니다. 오프라인에 있지만 온라인 상태에 있는 것과 마찬가지입니다. 반응 시간도 똑같습니다."

우리를 넝어로 만드는 것들

이런 집중력, 일 제대로 할 수 있을까? 집중력 저하되면, 업무처리 시간도 늘어난다. 그럼? 퇴근 시간, 늦어진다.

일터에서 시간 관리. 기본은 내 시간 빼앗는 것들 없애기다.

① 스마트폰 알림: 이 내용은 'TIP 집중력' 부분에서도 다뤘다. 스마트폰이 울리면, 본능적으로 하던 일 멈추게 된다. 꼭 필요한 알림? 별로 없다. 끄자.

② 뉴스 확인: 업무 자료 검색하려다, 인터넷 기사만 한 참 본 경

험. 누구나 있다. 'TIP 인터넷 뉴스 대신 정보 얻기' 참고해, 뉴스
보는 시간 줄이자.

③ 사내 메신저: 많은 업무 연락 메신저로 온다. 채팅까지 수시
로. 종종 일하는 게 불가능할 정도. 업무 연락, 안 받을 순 없다.
그래도 정말 중요한 일이 있다면, 메신저 꺼라. 정 급하면 전화
온다. 사람은 플랫폼 영향을 받는다. 메신저가 없으면 안 했을
연락, 메신저가 있어서 한다. 즉각적이고 쉬우니까.

④ 커피타임: 커피 마시지 말란 이야기 아니다. 온종일 직원들과
커피 마시고, 야근하는 사람도 봤다. 과장해서 한 말 아니다. 내
퇴근보다, 소중한 커피는 없다. 커피 마시며 남 하소연 들어주다,
내 인생 다 흘리지 말자.

업무시간
관리 방법

오전 8시 ~ 9시 : 업무 연락 확인

출근 중이거나, 커피 마실 시간. 커피 마시며, 전날 온 업무
연락 확인. 이 시간 외엔 업무 연락에 반응하지 말자. 처리해
줘야 할 연락만 체크한다. 오늘 해야 할 내 업무도 확인. 출장
신청 등 복무 처리 사항도 이 시간에 한다.

오전 9시 ~ 10시 : 가장 중요한 일 시작

업무 중 얼마 안 되는 골든타임이다. 이 시간엔 방해가 별로 없다. 타 부서 연락할 일 있어도, 이 시간엔 서로 잘 안 한다. 그러니 그날 가장 중요한 일을 시작한다. 그 일이 오래 걸릴 일이어도 무조건 그 일부터. 어떤 일이든, 일단 착수하는 게 제일 어려우니까.

오전 10시 ~ 11시 : 남을 방해할 시간

보통 직원들은 워밍업하고, 10시부터 집중한다. 잘 될 수가 없다. 왜냐고? 10시부터 업무 방해 타임이다. 참았던 타 부서 연락이 시작된다.

9시부터 집중했다면, 이 시간을 활용해라. 10시부턴 집중력이 떨어진다. 9시부터 해온 업무에 누군가에게 물어볼 것. 타 부서 협조받을 것, 이때 묻고 요청해라. 내 시간은 지키고, 다른 사람 시간은 뺏는다. 직장생활은 냉정하고, 나의 퇴근은 소중하다.

오전 11시 ~ 12시 : 잡무처리 시간

이제 좀 가벼운 마음으로 9시에 확인했던, 간단한 협조 사항들을 이때 처리한다.

오후 12시 ~ 1시 : 점심 시간

점심 식사. 그리고 쉬거나 산책. 잘 수 있다면 자라.

오전 1시 ~ 3시 : 중요업무 재개

이때 졸리면 안 된다. 집중할 시간 없다. 다들 졸려서 이땐
업무 연락 잘 안 온다. 오후의 골든타임.

오후 3시 ~ 4시 : 남을 방해할 시간

졸던 사람도 일할 시간. 당신은 지금까지 집중했다면, 피곤
하다. 다른 부서의 확인이나 요청할 사항 있으면 이때 한다.
온종일 온 업무 연락도 이때 확인, 처리.

오후 4시 ~ 6시 : 막판 스퍼트

퇴근 앞두고 집중 안 될 것 같지만, 예상외로 집중 잘 되는
시간이다. 이 시간 잘 활용해서 아침에 시작한 일 마무리. 정
시 퇴근이 함께하길.

시간은 돈이다

시간을 말로만 황금이라 부르던 시대가 있었다. 우리가 사는 지금, 시간은 정말 돈이다. 어떤 온라인 서비스가 무료면, 내가 그 서비스의 원자재라는 말이 있다.

스마트폰과 인터넷에 많은 사람이 중독된 지금. 우리는 원자재 수준을 넘어섰다. 유튜브는 무료고, 사용자들이 콘텐츠를 올렸다. 무료에서 광고 보는 것으로 바뀌었다. 지금은 광고 없애려, 돈 내고 본다. 이젠 내 시간을 돈 주면서까지 없앤다.

수많은 곳에서 우리 시간을 노린다. 우리는 모두 죽는다. 인생을 제대로 사는 법은, 오늘 하루 시간을 잘 보내는 것. 인생의 많을 시간을 보내는 직장에서부터 시간을 스마트하게 쓰자.

아니 땐 굴뚝에서 연기?!
직장인 뒷담화 대처법

이야기는
인간 문명의 근원

소문. 뒷담화. 피할 수 있을까? 오지에 숨어 살아도 쉽지 않을 것 같다. 세계적 베스트셀러 사피엔스를 쓴 역사학자 유발 하라리. 그는 인류 3부작이라 불리는 책으로 인간 문명사를 다룬다.

하라리는 인류 문명의 근원을 이야기라 말한다. 인간의 힘은 이야기를 만들어 내고, 그 이야기를 믿음으로써 수많은 이가 협력하는 것이라고.

국가, 종교, 법인처럼 물리적 실체가 없는 대상이 이야기를 통해 생명력을 부여받는다.

무리 지어 살아야 생존 가능성이 높은 인간. 이야기를 통해 협력을 강화하고 정보를 주고받는다. 어쩌면, 소문과 험담은 인간의 본능이 아닐까?

직장에서 소문은 누구를 향할까?

소문이 뭔지 정리하자. 소문은 그저 정보인 경우도 있다. '이번 인사에 어떤 팀장이 어느 자리로 옮기기로 결정됐는데.'처럼. 이 글에서는 사실에 근거하지 않은 이야기. 한마디로 악성 루머를 소문이라 하자.

이런 소문은 언제 시작될까? 아니. 먼저, 직장 생활 소문엔 뭐가 있을까? 바로 승진, 업무, 사생활이다. 업무와 승진을 왜 구분했을까. 승진은 악성루머가 시작되는 출발점이기 때문이다.

여성이 뛰어난 미모와 친화력을 가졌다면? 성적(性的)으로 말도 안 되는 소문이 돌기도 한다. 승진이 이와 비슷하다. 질투 베이스다.

76세 고령의 경영자 호리바 마사오 역시 『일 잘하는 사람, 일 못하는 사람』에서 적이 없는 사람을 "무능의 대명사"로 부른다.

예수에게도 적이 무수히 많았다. 승자에게는 적이 많고 패자에게는 친구가 많은 법이다. –『세이노의 가르침』

직장 악성루머의
삼위일체

당신 승진이 동기보다 빠르다면? 소문 시작이다. 당신이 요직으로 간다면? 역시, 소문 시작. 당신 소문은 누가 낼까? 주로 동기나 비슷한 나이 동료다. 경쟁자의 승진이 예상될 때, 사내 중요한 경진대회에 나섰을 때, 공무원의 경우 행정의 달인에 응모했을 때, 당사자를 험담하는 투서나 소문은, 문학상 공모전 투고 원고처럼 여기저기로 도착 다는 게 학계의 정설이다. 그런 소문엔 근거가 없는 경우도 많고, 없는 사생활까지 만들어 낸다.

즉, 업무와 사생활이 동원된다. 일을 못 한다. 능력이 없다. 동료와 어울리지 못한다. 후배에게 갑질을 한다. 이성 동료와 친해 보이는데, 아마도 부적절한 관계일 거다.

또, 객관적 증명을 하기 어려운 부분을 붙잡는다. 업무는 객관적이지 않느냐고? 일도 성과를 수치로 측정하기 어려운 경우가 많다. 소문으로 얼마든지 한 사람을 깎아내릴 수 있다.

직장의 소문. 악성루머는 이 3가지. 승진, 업무, 사생활. 참 쓸데없는 것이 삼위일체를 이룬다.

소문이 걱정되는 당신

후배에게 일을 잘 추진했으니, 경진대회에서 발표해 보라 권했다. 발표도 하고, 사내 게시판에도 관련 사업 홍보 글을 올려보라는 취지였다.

후배는 말했다. "다른 직원들이 '막, 아주 난리 났네.' 그러면서 욕하면 어떡해요."

나는 이렇게 말했다. "나도 대회나 발표에 나가기 싫은데, 과장님들이 '전임 과장 있을 땐 하더니, 왜 내가 오니까 안 해.' 라면서 하도 시켜서 그런 걸 자주 나갔지.

부서 평가에도 반영되니까. 근데 그걸로 내가 조직에서 알려지고, 일은 어려워도 요직부서로 가게 되고, 결국 승진도 빨리하게 되고 그랬지."

그리고 이렇게 덧붙였다.

"근데 내가 계속 상을 타니까, 나중엔 내가 1등이면 상을 안 준다고 공문에 명시까지 됐었어. 나도 억지로 시켜서 나갔는데. 사람들이 '저 XX 또 나왔네. 형 그만 좀 나와요. 난리 났네, 아주' 이런 말 많이 들었지."

나를 싫어하는 사람은 어디에나 있다

그리고 그 후배에게 이 이야기도 해줬다. 세계적인 정리 컨설턴트 곤도마리에가 쓴 『짧고 굵게 일합니다』(곤도마리에, 스콧 소넨샤인, 2020, 리더스북) 내용이다.

"소셜미디어를 이용해 제 생각을 널리 알리고 싶어요. 그런데 다른 사람들한테 미움받고 공격당할까 봐 무서워서 엄두가 나지 않아요."

그러자 진노스케(치료사)는 미소를 지으며 이렇게 대답했다.

"걱정할 거 없어요, 마리에. 지금도 당신을 싫어하는 사람들이 많잖아요?"

김창옥 교수는 한 라디오 프로그램에서 이렇게 말했다.

"예수님도 안티가 있다. 근데 내가 뭐라고, 내가 뭐라고. 안티가 없냐."

믿고 싶은 걸 믿는다, 돌이킬 수 없는 편향의 시대

직장에 10명이 있다. 나를 무조건 싫어하는 사람이 2명은 있다. 나를 무조건 믿어주는 사람도 2명 정도 있다. 나머지는 나에게 관심이 없거나, 지나가는 소문을 그냥 믿는다.

남자들은 소주 한 잔으로 소문과 오해를 쉽게 풀기도 한다. 그런데 직장생활 16년 하며 느낀 것이 있다. 굳이 해명할 필요가 없다는 거다. 당신을 싫어하는 사람은 이유 없이 싫어한다. 알고리즘 시대가 되면서 이런 '무조건 편향'은 더욱 심해졌다.

'필터 버블'이라는 용어의 창시자인 엘리 패리저는 필터버

블이 확증편향과 선택적 인지를 일으킬 수 있는 일종의 정보 검열이 될 수 있다는 위험성을 지적한다. (…) 그는 진보적 성향을 가진 자신의 페이스북 '피드'에 보수적 성향의 게시글이 올라오지 않는 것이 페이스북이 자신의 인터넷 사용 기록을 분석하여 필터링하였기 때문이라고…

- 《출처》 위키백과 필터 버블, 위키백과, 우리 모두의 백과사전 (wikipedia.org)

법정스님은 오래전 무소유에서 이렇게 말하셨다. '남이 나를 또한 내가 남을 어떻게 온전히 이해할 수 있단 말인가.' 누군가를 이해하기도, 누군가의 믿음을 바꾸기도 불가능하다.

그래도,
나를 믿어주는 사람이 있다

나를 오해하는 사람에게 해명하지 않는 이유는 또 있다. 나를 믿어주는 사람들에게 소홀했다는 걸 깨달았기 때문이다. 나를 믿어주는 사람들은 이렇게 말한다. "아. 그거 나도 들었는데 네가 그럴 리가 없는데~ 그랬었지. 역시 실제론 전혀 다른 내용이었구나."

우리는 늘 소중한 사람보다, 싫은 사람에게 잘하며 산다. 돈도 시간도 에너지도 더 쓰면서. 세상은 나를 믿어주는 그 몇 사람과 함께 살아가는 게 아닐까. 이제 나는 나를 싫어하는 사람에게 해명할 시간에, 나를 무턱대고 믿어주는 사람들에게 잘하면서 산다.

직장생활, 무엇을 상상하든, 그 이상의 소문을 듣게 될 것이다

소문의 창의성은 상상 초월이다. 내겐 이런 소문도 있었다. 5개월 전부터 조직에 알리고, 시장님 보좌관과 상의까지 하고 휴직을 냈다. 주요 부서에서 직접 최고 결정권자 관련 업무를 많이 다루던 시기여서 그랬다.

그리고 휴직 시작 한 달 전, 정기인사에 한직으로 발령 났다. 내가 복직할 때 시장님은 본인은 미처 모르셨던 그 일 때문에, 내 마음이 괜찮으냐 물으실 정도였다.

몇 년 지나 그 일에 관한 소문을 들었다. 소문은 이랬다. 내가 생각할 때 나는 일을 잘하는 사람인데, 최고 결정권자가 나를 무시하고 한직으로 발령을 냈다. 그래서 그 일에 열받아서 내가 휴직을 냈다는 것이다.

너무나 완벽히 사실과 반대인 창의적 소문에 실소가 나왔다. 당신에 관한 소문은, 늘 당신의 예상을 뛰어넘을 것이다.

직장인 소문
'이상적' 대처법

내게 가장 도움이 됐던 건, 여러 철학책, 그리고 명상이다. 대표적으로 법륜스님이 종종 책이나 강연에서 하시는 말씀이 있다. 그것과 똑같진 않지만 이런 내용이다.

등장인물은 꼰대답게 철수와 영희로 하겠다. 영희와 철수가 길을 걷고 있다. 길가에 꽃이 피었다. 영희가 "꽃이 예쁘다."라고 말했다. 그때 영희의 기분이 좋을까, 꽃의 기분이 좋을까?

옆에 있던 철수는 가만히 있으면 된다. 그렇지만 절대 틀린 말은 안 하는 철수가 가만히 있을 수 있겠는가? "꽃 그거참, 깨떡같이 생겼네."

둘은 걷다 말고, 그 자리에 서서 백분 토론을 연다. 영희와 철수의 말에 꽃의 기분은 어떨까? 그들의 말이 꽃에게 영향을 줄까?

이 이야기에서 당신이 꽃이다.

당신은 누가 당신을 칭찬한다고 해서 더 좋은 사람이 되는 것이 아니다. 누가 험담한다고 해서 당신이 나쁜 사람이 되는 것도 아니다. 당신은 지금 그대로 그냥 당신이다.

직장인 소문
'현실적' 대처법

1. 직장에서 사적 대화를 하지 마라.

당신은 오늘도 직장에 수금하러 왔다. 목적을 잊지 마라. 일 이야기 이외에 당신 사생활을 이야기하지 마라. 와전되어 당신의 약점이 된다. 당신이 아파서 병원에 가더라도, 근로 계약상 문제가 없는 부분이라면 굳이 병명을 알리지 마라.

사적 대화를 하다 보면, 나도 모르게 남의 소문을 옮기게 된다. 사람들은 소문을 즐기지만, 남의 소문을 옮기는 사람을 입이 싸다고 평한다. 나부터 소문 전달자가 되지 말자.

2. 누군가의 소문을 들었다면?

그냥 잊어라. 소문 대부분은 결국 거짓으로 판명된다. 그리고 남의 인생을 이야기하느라 시간을 보내는 건, 남의 인생을 대신 살아주는 것이다. 내 인생을 소중히 하자. 남 이야기하며 살아야 할 필요성을 나는 찾지 못했다.

3. 누군가 당신에게 계속 소문을 전한다면?

"아, 그래요? 저는 잘 몰라서. 그랬구나." 이러고 말아라. 말하는 당사자를 무시하지 않으면서도, 당신은 소문 전달자에서 빠지는 거다. 같은 소문을 이미 들었더라도 처음 듣는 척해라. "아, 그래요? 저는 잘 몰라서. 그랬구나."

상대도 어느 순간 김이 빠져서 더 이상 당신에게 소문을 전하지 않을 거다.

4. 당신에 대해 나쁜 소문을 퍼트리는 자를 안다면?

그 사람이 나를 험담한다는 사실을 모른척해라. 사무실에서나 길에서 우연히 지나치게 되면, 오히려 밝게 웃으면서 인사해라. 그 사람은 안절부절못한다.

당신이 당신의 소문에 신경 쓰지 않는다면? 그 소문을 입으로 전하며 기분이 안 좋아지는 사람은, 오직 그 사람뿐이다. 소문을 이야기할 때 유쾌한 적이 있던가? 그 소문을 받지 마라.

누군가의 삶을 에워싸고 떠도는 소문들을, 나는 언제나 냉담하게 듣는다. 슈니츨러의 소설 문장을 빌려와 말하자면,

"한 인생 전체의 현실조차 바로 그 인간의 가장 내적인 진실을 의미하지 않는다." - 『시와 산책』 중에서

직장생활 술술 풀리는
가성비 경조사 비법

축의금과
가성비

축의금 인플레이션. 5만 원 낼 거면, 결혼식장 오지 말라는 시대. 축의금도 이제 가성비다. 식대보다 축의금이 많아야, 남는 장사라는 생각.

15년 전엔 공무원 축의금에 3만 원도 있었다. 대규모 조직이니, 업무상 안면만 가볍게 튼 인연이 많다. 그런 사이의 축의금이 3만 원이었다.

같은 부서 동료거나, 친하면 5만 원. 특별히 가까울 때만 10만 원. 이런 공식. 지금 5만 원이 예전 3만 원이다. 취업 정보

사이트 인크루트에서 2023년 3월 1천177명을 대상으로, 결혼식 축의금 적정 액수를 설문 조사한 결과.

협업할 때만 보는 직장 동료 사이에 5만 원이 적당하다가 65.1%였다. 근데 협업할 때만 보는 사이. 예식장도 못 갈 의례적인 사이. 과연 인간관계에서 중요할까?

곁친에게
잘하자

연차와 경험이 쌓이면서, 직장 내 대인관계를 생각하게 됐다. 경조사도 어느 선까지 챙길지 기준이 필요했다. 돈 때문이라 생각하겠지만, 아니다.

직장에서 의례적으로 챙긴 관계는, 결국 인사치레로만 남는다는 걸 깨달았기 때문이다. 상대와 결코 깊은 사이가 되지 못했다.

던바의 수. 일반적인 사람이 안정적 관계를 형성할 수 있는 적정한 수는 150명이라는 이론. 정서 친밀도에 따라 관계가 구분된다. '친한 친구' 말고 '그냥 친구'까지 따졌을 때 150명이라고 한다.

우리는 누구에게 잘하고 살까? 절친에게 잘할까? 그냥 친구나 지인에게 잘할까? 절친과는 1년에 밥 한번 먹기 힘들다. 그런데 싫은 사람과는 술도 자주 마신다. 의미 없는 관계까지 신경 쓰는 대신, 내 인생에 함께 가고 싶은 사람들만 잘 챙기기로 했다.

축의금
기준 정하기

그래서 축의금 기준을 정할 필요를 느꼈다. 남에게 준 건 기록하지 않았지만, 받은 건 엑셀에 기록해 놓았다. 시간이 흐르고, 받은 고마움을 어느 정도 갚았다고 생각된 때가 왔다.

타 부서의 그냥 아는 사이는 경조사를 끊었다. 단순히 같은 부서 직원 경조사는 5만 원. 같은 부서고, 친분이 있는 경우 10만 원. 그럼, 인간관계가 엉망이 되지 않느냐고?

다시 보지 않을 사람에게까지
진심을 담은 나만의 경조사

관계를 아예 무시할 수는 없다. 어디든 사람 사는 곳이니까. 그래서 고마움을 느끼면 바로 작은 표현을 하기로 했다.

깊지 않은 관계를 경조사로 챙길 때보다, 사람들과 유대가 더 깊어졌다.

과태료 업무를 맡은 적 있다. 부과를 위해 위반자 주소를 알아야 한다. 당연히 민원실에서 협조해 줘야 할 일이다. 당연한 협조도 남의 일은 얼마나 귀찮은가. 처음 주소를 의뢰할 때 민원실로 찾아갔다.

"커피는 드셨을 거 같아서요. 아이스티에요. 제가 과태료 업무로 새로 왔어요. 잘 부탁드립니다." 깜짝 놀라셨다. "아, 이렇게 안 하셔도 되는데." 그 뒤로 내가 공문만 보내면, 초고속 회신을 주셨다.

교육원에서 요가 수업받을 때. 수업마다 음료수를 한 병씩 사가서 강사님께 드렸다. 동료들이 "왜 그래?" 물었다. 강사님과는 수업 끝나면, 영영 못 볼 사이였으니 궁금했던 모양이다. 나는 이렇게 답했다. "강사님은 교육원에서 돈 받지만, 강의가 좋은데 나는 공짜로 배우잖아."

아이들 주식 통장 만드는 일은 1시간 정도 걸린다. 그땐 은행 직원에게 드릴 음료수를 사 갔다. 연말 연초에 단골 미용실

갈 땐, 직원분들 전부 드릴 음료수를 사 간다.

돈 내고 받는 당연한 서비스. 업무차 당연한 절차. 그래도 고마울 땐 표현하는 게 좋지 않을까? 뭘 바라고 하는 건 아니다. 그렇지만 늘 더 큰 도움을 받는다.

Point 2. 글보다 강한 건 없다

비서일 땐 직원들을 대할 때 더 조심한다. 갑질한다고 생각할 수 있어서다. 그래도 일이 어긋나면 서로 기분 상한다. 어느 행사장. 나와 상의 없이 갑자기 비서실 카드(예산)를 쓰겠다고 한 직원이 있다. 나는 황당하기도 하고, 행사장도 급히 떠나야 할 상황이었다. 냉정하게 안 된다고 하고 나왔다.

그 직원은 경험이 없어 그랬을 텐데, 내가 그렇게 한 게 마음에 걸렸다. 몇 달 뒤 그 직원이 승진 후, 시청에서 면사무소로 인사가 났다. 사내 메신저 쪽지를 보냈다. '저도 그 면사무소에서 근무해 봤는데, 경력에 도움이 많이 됐다. 주변에서 일 잘하신다는 말을 자주 들었다. 그 행사 때 제가 냉정하게 한 거 죄송하다.'라는 내용이었다.

그 직원과 지금도 친분이 있진 않다. 다행인 건 나는 그저 쪽지만 보냈는데, 고맙다는 짧은 손 메모와 작은 선물을 보내

왔다. 오해는 풀린 것 같다.

9급 땐 같은 부서에 있다 떠나신 사무관께 고마웠던 마음을 손 편지로 전하기도 했다. 요즘은 받는 사람이 손 편지를 부담스러워할 수 있다.

문자, 사내 메신저, 이메일을 사용하면 된다. 글은 돈보다 훨씬 큰 영향력을 발휘한다.(휴대전화로 메시지를 전할 땐 문자로만, 카톡은 상대방이 싫어할 수 있다.)

Point 3. 선물에 진심을 담는다

조금 더 깊은 고마움을 표현해야 할 때, 같은 부서 동료일 때, 친한 사이인데 평소에 챙겨주고 싶을 때, 이럴 땐 선물하기가 좋다. 카톡에도 있고, 요즘은 많은 쇼핑 사이트에서 쉽게 할 수 있다. 중요한 건 소액이라도 그 사람에게 꼭 맞는 선물을 하는 거다.

직원이 오랜만에 멀리 출퇴근하는 교육을 간다면? 교육원 근처 드라이브 스루가 가능한 커피 체인점의 커피 상품권. 더운 나라로 해외여행을 가는 동료가 있다면? 작고 예쁜 접는 포켓 수건. 결혼하는 직원이 있으면, 꼭 도움 될 책. 등산 좋아하는 선배면, 자외선 차단 쿨타올.

커피를 깊이 좋아하는 사람에겐, '블루보틀'이든 제주도

'홉히'든 내가 마셔보고 좋았던 원두. 커피를 처음 접하려는 분에겐, 힙한 '프릳츠' 선물 세트. 모두 내가 했던 선물들이다. 3만 원 경조사 봉투와 그 사람을 생각하고 고른 이런 3만 원 미만의 선물. 어느 게 더 좋을까?

마음을 표현할 뿐, 예의상 관계는 챙기지 않는다

공무원들은 인사이동 때마다 화분을 보냈었다. 그 비용도 엄청나다. 요즘은 화분 대신 간식 보내주는 걸로 바뀌었다.

많은 공무원이 조직 문화가 문제라 한다. 문화는 사람이 만든다. 공무원 3~5년 차가 되었는데 아직도 인계인수 안 되는 문화, 과도한 축하문화에 불만이라고? 그러면 당신은 신입 후배들을 위한 대안을 실천하고 있는가? 그렇지 않다면 당신도 조직 문화의 공범이다.

나는 어느 순간부터 인사이동 때 화분 보내는 걸 끊었다. 받아 본 입장에서 마음 없는 선물이라 느껴졌고, 화분을 좋아하지 않으니 처치 곤란이었다. 당연히 내가 인사 나도 내게 화분이 오지 않는다. 주고받는 보여주기식 선물이었던 거다.

난생처음 건축 관련 업무를 맡았을 때. 내가 타 부서로 이 것저것 알아보러 다녔다. 어느 날. 내가 부탁도 하지 않았는 데, 건축직 선배가 하루 내내 법 조항과 판례를 찾아봤다며, 해결책을 제시해 준 적이 있다.

같이 한 번 근무한 적만 있고, 평소 술을 마시거나 만나는 사이도 아니었다. 난 너무 놀라서 고맙다는 말도 제대로 못 했 다. 그 선배는 "너니까 도와주는 거야."라고 했다. 평소 진심을 담으면 결국 다 돌아온다. 불필요한 관계는 끊어도 된다.

예상외로 공무원이
제일 힘들어하는 1시간은?

"아… 저 그냥 굶으면 안 돼요?"

직장인들의 유일한 낙이라는 점심. 그런데, 차라리 굶고 싶다. 맛있는 음식과 휴식. 달콤한 이 시간. 왜 고통스러울까?

고위직은
편식쟁이

편식은 젊은 사람들이 한다고 생각한다. 실제론 고 연차 팀장이나 과장님들 편식이 더 심하다. 그분들은 말한다. "나는 뭐 가리는 게 없어." "아이고. 난 못 먹는 거 없어. 아무거나 먹어, 다 괜찮아."

"파스타 어떠세요?" "햄버거 괜찮으세요?" 대답은? "국밥이나 먹으러 가지." 심지어 한국인의 쏘울 메뉴, 돈가스 안 드시는 분도 많다. 더운 여름, 냉면이나 막국수 안 드시는 분도.

그래. 남녀노소. 국밥 싫어하는 한국인이 어딨겠는가. 콩나물국밥, 순대국밥, 소머리국밥. 생각만 해도 군침 돈다. 문제는? 매일 국밥이다. 국밥집과 유착관계가 의심될 정도다.

팍팍한 직장생활. 점심시간 잠깐. 맛있는 거 먹고, 기분 전환이라도 해야 할 직장인. 기운 빠진다.

혼자 먹으면,
아무 문제가 없지만

이런 점심시간 갈등. 각자 혼자 먹으면? 문제없다. 국밥을 먹든, 샐러드를 먹든. 같이 먹기 때문에 괴롭다. 같이 먹으면 결국 상사 의견에 맞추게 된다. 본인이 전날 술을 마셔서 꼭 해장국을 먹어야겠다면, 혼자 먹으면 되지만 그럴 수 없다.

한 칼럼니스트가 혼밥하는 사람을 '짐승', '사회적 자폐인'이라고 표현한 일도 있었다. 기성세대 한국인은 그만큼 '혼자'

를 견디지 못하고 비정상으로 본다.

올 6월 이런 기사가 났다.

"월 200 말단 공무원이 국·과장 식사 대접" 공직사회 여전한 '모시는 날' 악습 –《일요신문》 2023.06.16

아마 그 칼럼니스트는 이런 일을 안 겪어봐서, 저런 말을 한 것 같다. 공무원 조직에서 특히 국장 모시는 날이 존재하는 이유는, 국장이 되면 보통 혼자 근무하기 때문이다. 많은 기성세대가 혼자 밥 먹는 걸 두려워한다.

점심시간은
무급이다

공무원 아닌 직장인들도 마찬가지인 모양이다. '팀점' 대신 점심시간만이라도 자유를 보장해달라는 기사를 쉽게 찾을 수 있다. 어느 조직이든, 젊은 세대 삶은 팍팍하다. 유일한 휴식 시간. 게다가 무급인 점심시간. 먹고 싶지도 않은 메뉴를 돈까지 내며 먹고 싶지 않을 거다.

난 조직에서 딱 중간 위치와 연차에 있다. 요즘 선배님들과 대화하면, 자주 하는 이야기가 있다.

'그러게, 우리는 그게 잘못된 건지도 모르고 살았잖아.' 잘못된 조직문화가 새로운 세대로 인해 바뀌고 있다는 말이다.

아무리 점심시간이 무급이라도, 점심시간에 일해야만 하는 상황이 닥쳤을 때. 그때 일 안 하겠다는 직원은 없다. 아무리 미디어에서 Z세대를 희화화해도 그런 직원은 보지 못했다. 선배님들이 지내 온 사정을 모르지 않지만, 무급인 점심시간은 이제 개인의 자유시간으로 주는 게 맞다.

그래도
변하고 있다

옷 좀 잘 입고 다니라고 조언해 주셨던 내가 존경했던 면장님. 그분은 국장이 되시곤, 점심 모시는 문화를 없애셨다. 비서께 여쭤보니 집에 가서 드시는 것 같은데, 언제나 조용히 나가셔서 잘은 모르겠다고 했다. 공직자의 바른 자세를 강조하신 선배님답다고 생각했다.

모든 공직사회가 그렇진 않겠지만, 저녁 회식도 사라지는 추세다. 인사 발령 시즌이 되면 삼겹살로 1차 저녁을 먹고, 2 차 전 직원이 노래방 가는 게 법에 나와 있나 싶었던 때도 있었다. 지금은 떠나는 직원이 있어도 점심만 같이 먹는 경우가 많아졌다.

복날 개고기 먹는 일 때문에, 스트레스받는 직원도 많았다. 사회 인식이 변하면서 직장에서도 복날 개고기는 완전히 사라졌다고 봐도 될 것 같다.

이렇게 절대 안 변할 것 같던 일들도 결국 바뀐다. 팀장이 먼저 팀원들에게 밥을 따로 먹겠다고 하는 경우도 생기고 있다.

40대인 나는 배 나온 아저씨가 될까 봐, 점심을 건너뛰고 싶을 때도 있고. 어떤 땐 커피에 빵 한 조각 먹고, 산책하고 싶을 때도 있다. 실제로 가끔 그런다. 그런 때도 내가 밥을 먹지 않으면, 선배님이 혼자 드실까 봐 먹을 때도 많다. 하지만 이런 마음을 Z세대에게 강요할 순 없다.

점심은 온전히 자유시간인 게 맞다. 만약 점심시간이 정 힘들다면, 가끔 약속 있다고 말하고 혼자만의 시간을 보내자.

전화 공포증도 괜찮다
'○○'만 절대 금지

콜포비아

있는지도 몰랐다. 전화 공포증. 과거에도 전화 음식 주문이 어렵다는 사람은 종종 있었다. 그래도 공포까진 아니었다. 전화. 왜 공포가 됐을까? 소통 수단 변화 때문. 멀지 않은 과거, 전화는 사람 간 유일한 연락 수단이었다. 문자메시지도 단문만 됐다.

기술 변화로 대화 방법이 변했다. 통화에서 장문 문자, 문자에서 모바일 메신저. 새로운 기술은, 전화가 갖지 못한 장점을 갖고 있다. 바로 편집.

'셰리 터클' MIT 교수는, 책『대화를 잃어버린 사람들』(황소연 역, 2018, 민음사) 에서 이렇게 말한다.

> "학생들은 디지털 대화는 '위험도가 낮아서' 가치 있다는 의견을 거듭 밝혔다. 학생들은 그들이 언제 어떻게 온라인에 접속하는지 이야기하면서 메시지는 전송 전에 편집할 수 있다고도 말했다.
>
> 왓츠앱에 접속한 그날 저녁 학생들의 마음속에는 위험한 대화가 끼어들 자리가 없었다. 한 젊은이는 수정된 문자 메시지의 낮은 위험도를 이미지 전송으로 더 현저히 낮출 수 있다면서, 그것이 이미지 전송의 장점 중 하나라고 말했다."

여기서 언급된 이미지는 흔히 '짤'이라 불리는 걸 말한다. 이모티콘과 비슷한 역할을 한다. 새로운 대화 채널의 편리함에 익숙해지며, 전화 기피 현상이 심해졌다.

사내 메신저는
카카오톡이 아니다

카카오톡 같은 메신저. 대화의 핵심이 됐다. 공조직에도 내부 메신저가 도입됐다. 그 전 디지털 소통은 '업무통신'이라는 내부 메일이 유일했다. 새 기술 도입으로, 내부 메일 역시 사용자가 확 줄었다. 지금은 세대 구분 없이, 메신저로 업무 연락한다.

Z세대 직원들은 모바일 메신저 쓰듯, 사내 메신저 사용한다. 당연히 전화 대신 메신저 연락도 괜찮다. 다만 절대 잊지 말아야 할 것. 카톡은 카톡이고, 사내 메신저는 사내 메신저다.

다른 부서와 연락하면서, 상사에게 자료 보내면서. 'ㅋㅋ'는 절대 금지다. 이걸 받아보는 상사들, '이건 아닌데'라고 생각한다. 그래도 말 못 한다. 이런 것까지 지적해야 하나 싶어서.

여기서 말해주니 새겨듣자. 'ㅋㅋ'를 비롯한 스마트폰에서 쓰는, 다양한 감정표현법 쓰지 마라. 친한 직원끼리는 쓸 수 있다. 근데 그런 건 카톡으로 하자. 업무용 PC는 사용 기록 대부분, 서버에 남는다.

이모티콘, 짤, ㅋㅋ, ㅎㅎ 같은 표현. 쓰지 않으면, 뉘앙스가 전해지지 않는다는 두려움 느낀다. 괜찮다. 일터에서 뉘앙스까지 전달할 필요 없다. 오늘도 퇴사 고민하는 당신. 뭐가 즐

거워서 'ㅋㅋ'까지 쓰는가. 일은 건조하게 하면 된다.

나도 꼰대들도 카톡에선 그런 표현 쓴다. 하지만 사내 메신저로 당신이 상사에게 'ㅋㅋ' 쓰면, 예의도 전문성도 없어 보인다.

쪽지와 메일
도대체 뭘 도와 달라는 건데?

모든 글의 목적은 설득. 메신저 쪽지와 메일 쓸 때도 마찬가지. 당신은 상대방이 움직여 주길 바란다. 자료 제출이든, 회의 참석이든, 상대를 설득하려면 뭐가 중요할까. 잘 읽히도록 써야 한다.

요구사항부터 짧게 단문으로 쓴다. 다른 종류 글이라면 이유 먼저 말할 수도 있다. 업무상 쪽지 받는 사람은 이미, '뭔가 해달라는 거겠지.' 하며 연다. 그러니 궁금할 내용부터 적는다.

직원들은 쪽지 받고, 종종 이렇게 말한다. "도대체, 뭘 해달라는 거야." 요구사항이 맨 밑에 있거나, 뭔지도 모르게 길게 적은 경우다.

그다음 첨언 부분에 왜 그래야 하는지 적어라. 어차피 해야 할 일도, 사람들은 이유가 있어야만 움직이려 한다.

예시

핵심 부분

↘ 누구냐 넌? 제발 꼭 적자. 전화번호까지.

안녕하세요. OO부서 OO팀 홍길동입니다.(내선번호 1234)

↘ 당신, 이렇게 행동해 주세요. 색깔은 정말 필요한 한 두 문장만.

2023년 하반기 주요업무 보고 관련입니다.
17일(월)까지 업무보고 자료 제출 부탁드립니다.

첨언 부분 (← 사안에 따라 생략 가능)

↘ 당신이 그래야 할 이유

위에서부터 갑작스럽게 회의 개최 일정이 변경되었습니다.
20일(목)에 최종 결재가 예정돼있습니다.
기한 내 꼭 제출 부탁드립니다.

↘ 당신께 최대한 협조하겠습니다.

바쁘신 시기에 촉박하게 자료 요청하게 돼 죄송합니다.
참고하실 수 있도록, 상반기 업무보고 파일 첨부했습니다.
궁금하신 사항 있으시면, 언제든 연락 부탁드립니다.
감사합니다.

외부로 보내는 이메일이라면 끝에 회신 연락처를 상세히 적어주면 좋다.

전화 통화,
너 내가 누군지 몰라? 응.

전화가 무서워도, 직장인 정도면 필요한 통화는 다 한다. 핵심만 짚어보자. 늘 펜과 메모지 준비하자. 귀찮다면, PC 메모 프로그램이라도. 전화가 익숙지 않다면, 더 필수. 전화 걸 땐, 말할 요점 간단히 '단어'로 적자. 받을 때도, 상대방이 말하는 요지 간단히 적는다. 눈으로 글 보면서 대화하면, 훨씬 통화가 편해진다.

전화 통화에서 정말. 아주. 가장. 중요한 것. 지금부터 설명한다. 자, 이 말을 보자.

"고나쓴다. 사흐브지가 호기똠다." 무슨 말인지 알겠는가?

"고맙습니다. 사회복지과 홍길동입니다."를 공무원 통화법으로 말한 거다. 이건 양반이다.

전화 받고선 "네", 이러고 마는 사람도 있다. 전화 걸어 누군지도 안 밝히고, 다짜고짜 "OOO 주사님 없나요?" 이러는 직원도 있다. 왜 그러는 걸까? 개인 통화와 사무실 통화 혼동하기 때문이다. 우리는 수많은 직원 중 한 명이다. 내 개인 전화가 아니다. 전화 걸 때든 받을 때든, 꼭 내가 누군지 밝혀야 한다.

너무 기본이라, 아무도 안 알려준다. 집 전화만 있던 시절, 따끔하게 배웠다. 친구 집에 전화할 때. 누군지 밝히고, 친구 바꿔달라 하는 것. 왜? 친구 집이 아닌 친구 부모님 집에, 그리고 부모님 전화기에 전화했으니까.

지금은 모두 개인 전화가 있다. 발신자 표시도 된다. 그러니 나를 따로 소개 안 한다. 직장 전화는 다르다. 내 전화기가 아니다. 나를 꼭 밝혀야 한다.

메모 토스

다른 사람 전화 대신 받았을 때. 메모해서 알려줘야 한다. 이거 적는데 무슨 방법까지 필요하냐고? 혹시, 메모 받은 사람이 당신에게 뭔가 계속 물어보는가? 그래서 황당한가? '뭐야, 왜 나한테 물어봐. 메모해서 주기만 한 건데.'

사람들이 왜 자꾸 물어볼까? 아래는 메모 해주고 받는 질문들이다.

이거 누가 적어놓은 거야?

: 아래 내용들이 궁금한데, 누가 메모한 지 모르면 당사자는 한참 헤맨다.

이거 언제 온 거야?

: 전화 건 사람이 급해, 담당자에게 직접 휴대전화로 이미 통화했을 수 있다.

누구한테 전화 온 거야?

: 상대방이 본인 이름을 못 밝히는 경우가 아니면, 전화한 사람 이름은 필수다.

예시

전화 부탁입니다.

이름 : 김철수

전화 : 010-1234-4567

내용 : OO사업 대금 지급 시기 문의

16일, 오후 3시 30분
메모자 : 김영희

지금까지 말한 대화법 핵심은 뭘까? 상대방이 궁금하지 않도록, 재차 물어보지 않도록 하는 것.

'누구시라고요? 어디시라고요? 뭘 해달라고요? 언제요?'

일을 못한다는 착각

네가 지금 일을 잘 하면
그게 이상한거야

공무원의 가장 큰 착각. 나는 일을 잘한다.

어떤가요? 공무원 아닌 분들이 보기엔 우스우시죠. 복지부동, 무사안일로 대표되는 직종의 사람들이 일을 논하다니요. 어디나 그렇겠죠. 사람이 모이는 곳이면, 아무리 뛰어난 사람들이 모여 있어도요. 그 안에서 상위와 하위가 나뉘니까요.

공무원들 역시 주된 담화 주제는 일이죠. 저 직원 일 못 한다. 저 팀장 일 못 한다. 저 과장은 아무것도 모르는데, 과장이 돼서 직원들이 피곤하다. 열띤 논의가 매일 곳곳에서 이뤄집니다.

이 일 잘한다는 근거 없는 자부심이 처음부터 있는 건 아닌 모양이에요. 임용된 지 얼마 안 된 직원들은 본인들이 왜 이렇게 일을 못 하는지 궁금해합니다. 제게 업무를 물어보러 와서 "저는 일을 너무 못하는 거 같아요."라고 말하는 직원이 있을 때면, 전 이렇게 말합니다. "네가 지금 일을 잘하면 그게 이상한 거야."

잘하고 못하고가 아니라 익숙해지는 것

왜 고인 물 공무원은 자신이 일을 잘한다고 생각하고, 신규 공무원은 자신이 일을 못 한다고 생각할까요. 바로 익숙해짐의 문제니까요. 물론 성과에서 큰 건을 만들어 내는 일도 있어요. 공무원이 아닌 분들이 보기엔 이해가 안 가실 수 있지만요.

시장, 군수, 구청장을 시민들이 투표로 뽑는 지방자치가 정착되면서 상황이 좀 변했어요. 정치인들은 결과를 만들어 내야 재선이 유리해지고, 그래서 업무에서 성과를 만들어 낸 직원들이 연공서열을 파괴하고 승진을 빨리하는 예도 생겨나고 있어요.

　그래도 근본은 공무원이죠. 성과가 낮다고 해서 잘리지 않죠. 일을 못 해도 특출난 성과를 못 내도 어느 조직에서 계속 내가 자리를 잡고 있다면 누구나 나는 일 잘한다는 착각에 빠질 수밖에 없겠지요.

조직에서 일을 알려주지도 않았는데, 어떻게 잘할 수 있겠나?

　군대에 입대했을 때 유치원생이 된 기분이었던 게 기억나요. 어깨에 노란색 작은 띠까지 달아줬죠. 그곳에선 걷는 법, 인사하는 법, 밥 먹는 법, 옷 갈아입는 법, 자는 법까지도 새로 배워야 했어요. 스무 살 넘은 바보가 되는 거죠.

　군대에서도, 아무리 강제로 끌려간 일반 병사 생활이라도, 일을 잘하고 못하고는 분명 존재했습니다. 하지만 크게 보면 이등병과 병장의 차이는 결국 익숙함의 차이일 뿐이죠. 만약 여러분이 공무원이 되었는데 무언가를 못 하고 있다고 느낀다면 정상입니다.

　내가 일 못 한다는 사실을 알고 있고, 문제의식을 느끼고 있고, 잘하고 싶다고 생각하고 있다면? 동기 중에서 아주 특출난 인재라고 말해주고 싶네요.

일을 못 하는 이유는 무엇일까요? 현직 공무원이라면 아실 거예요. 아무도 일을 가르쳐 주지 않기 때문이죠. 당신이 일이 어렵다고 느낀다면, 그건 누구도 그리고 조직의 시스템조차도 당신에게 그 일을 알려주지 않았기 때문이에요. 당신 탓이 아닙니다.

언뜻 설마 그럴 리가?라고 생각하는 분이 계시겠죠. 하지만 사실입니다. 공무원 조직엔 일을 알려주는 시스템이 없어요. 도대체 왜 그런 걸까요?

퇴근을 부르는 집중력 향상

집중력이 낮으면, 업무 효율이 나지 않는다. 집중력이 높아야 빨리 일을 마칠 수 있다. 보고서를 작성할 때도 집중력이 높아야 빨리 끝난다.

디지털 알림 최소화

스마트폰 등장으로, 푸시(PUSH) 알림이 일상화됐다. 공조직에도 사내 메신저가 등장했고, 수시로 알림이 울린다. 보고서를 쓰거나 중요한 일을 하다가도, 알림이 뜨면 바로 확인하게 된다.

새로운 상황을 빨리 파악하지 않으면, 잡아 먹힐 수도 있는 위험에 처했던 인간의 아주 오래전 습성이 지금도 남아있는 결과라고 한다.

실시간 알림을 바로 확인하지 않는다고, 우리가 위험에 처하지 않는다. 오히려 업무를 방해받아, 퇴근이 늦어지고 성과가 저하할 뿐이다.

집중해 일해야 할 땐, 알람을 꺼두자. 난 가족들에게 연락 오는 채널 말고는 거의 모든 알림을 꺼둔다. 내가 확인하고 싶은 게 있을 때 앱을 켠다.

스마트폰을 주인으로 섬기지 말자, 내가 스마트폰의 주인이
되자.

책상 서랍 한 칸 비우기

스마트폰을 책상에 올려두기만 해도, 과제 성적이 더
떨어진다는 걸 아는가? 이런 내용은 현대 인간의 집중력 문제를
다루는 여러 책에서 확인할 수 있다.

핵심은 이렇다. 우리는 자신도 모르게 주변 물건을 신경 쓰게
되고, 여기에 뇌의 자원에 계속 사용된다. 결국 문제 해결에
사용할 자원이 줄어들고, 성과에 좋지 않은 영향을 미친다.

키보드 마우스 등 필수 장비 말곤, 책상에 아무것도 올려놓지
말자. 그래야 집중력을 빼앗기지 않는다. 그리고 중요한 것. 책상
서랍 한 칸은 늘 비워두자. 집중할 일이 있을 때. 지갑, 차 키, 책,
스마트폰 등 책상이나 주머니에 있는 모든 물건을 서랍 안에
넣자.

텅 빈 책상에서 이제 일을 시작해 보자. 집중력이 훨씬
높아진다.

기록하지 않는 공무원들

대규모 조직에는 업무 종류가 많습니다. 업무가 세분되고요. 기업은 조직이 커도 특정 목표를 향해갑니다. 핀테크 플랫폼 토스뱅크처럼 은행 이용 고객의 시간 낭비를 줄여주겠다, 애플처럼 어떤 제품을 발표해도 누구나 '아, 이건 애플 제품이구나' 하는 정체성이 있습니다.

공공기관은 시민 행복, 삶의 질 향상이라는 추상적인 목표를 가집니다. 많은 시장 군수 구청장들이 당선되면, 기업 유치로 경제도시를 이룩하겠다는 목표를 세웁니다. 그렇다고 사기업처럼 그 목표에 집중하기 위해서 저소득층을 위한 복지 정책을 폐지할 수는 없습니다.

일이 많다는 게 아닙니다. 시민 삶 전체를 다룹니다. 그러니 업무 종류가 굉장히 다양합니다. 세어보진 않았지만, 시청에 천 명이 근무하면, 같은 일 하는 사람은 부서별 경리 업무 담당자나 읍면동사무소에 있는 증명서 발급 담당자들 정도만 있을 겁니다.

한 사람이 한 업무를 담당하는 기간은 보통 2년입니다. 2년이면 다시 다른 업무를 맡게 됩니다. 많은 신규 공무원분들이 무서워합니다. 입사해서 일 배운 것도 힘든데, 2년 뒤면 또 전혀 다른 일을 하게 됩니다. 저만 해도 등본도 뗐다가, 관광업무로 해외 출장도 갔다가, 축산 업무도 보다가, 500페이지가 넘는 책 쓰는 일을 하다가, 시장님 비서도 했다가. 이런 식입니다.

일의 진폭 자체가 넓습니다. 계속 닥칠 이런 변화가 무서워 그만둔 신규 공무원을 본 적도 있습니다. 이런 스트레스 때문에 돌아가신 분들 사례를 종종 신문에서 접하는 안타까운 일도 있지요.

업무 상황이 이러니 공무원 교육원에 업무별 맞춤 교육이 존재하기는 불가능합니다. 그래서 전임자의 자세한 업무 기록과 자료가 있어야 합니다. 그래야 누가 와도 업무가 제대로 될 수 있죠. 하지만 공무원은 자세히 기록하지 않습니다.

뭔가 자세히 기록하는 건 귀찮으니까요. 우리가 어릴 때부터 일기를 쓰지 않은 이유죠. 또 다양한 이유가 있습니다.

내가 일을 스스로 못한다고 생각하면 어떨까요. 괜히 자세히 해놨다가 꼬투리 잡힐까 걱정입니다. 일을 잘하면 어떨까요? 내 머릿속에 다 있는데 굳이 귀찮게 적을 필요 있나? 싶습니다.

또 이런 분들도 있죠. 내가 와서 이 업무를 이렇게 나만의 노하우로 성과를 냈는데, 다음 사람에게 주기 싫다. 가장 심하면 이겁니다. 이 일이 죽도록 싫은데, 어차피 2년만 버티면 그땐 다른 업무다. 기록하지 않는 이유는 다양합니다.

이런 실상을 모두가 잘 알고 있습니다. 신규직원들은 특히 어려움을 토로하고요. 현재는 공무원들이 매일 쓰는 문서 시스템에도 지식, 업무 위키 메뉴가 만들어져 있습니다. 실제론 업무 위키는 거의 텅 비어있고 지식에는 ppt 서식이나 한글 단축키 정보 같은 것들만 올라와 있습니다.

업무 위키 같은 메뉴를 만들었다는 자체가 사실은 문제와 해답을 다 알고 있다는 뜻입니다. 다만 거기에 사람들이 기록하지 않을 뿐이지요.

사기업엔 지식 기반 시스템이 있고, 활성화되어 있기도 한 곳이 있다고 얼핏 들은 적도 있습니다. 그게 아니라면 입사 후에 교육을 철저하게 한다는 이야기도 많이 접했습니다.

공무원은 여러 가지 사유로 2년 뒤면 다른 일을 해야 합니다. 한곳에 오래 있으면 대민업무를 하는 특성상 비리가 발생할 소지도 있습니다. 관리자로 승진하기 위해선 다양한 업무를 알아야 할 필요성도 있습니다. 간혹 해당 분야 전문가가 되어 몇 년씩 일하는 예도 있지만 그런 경우는 많지 않습니다.

그런데 공직에서 7~8년 차가 되면, 어떤 일이든 사실 모양만 다르지 대체로 프로세스는 비슷하다는 사실을 알게 됩니다. 하지만 그전까지는 어려움을 겪습니다. 또 세부적으로는 일의 특성이 다르기에 매뉴얼이나 전임자의 좋은 기록물이 없으면 업무를 능숙하게 하기까지 시간이 걸립니다.

그럼 어찌해야 할까요. 어렵게 들어온 공무원. 선배들이 제대로 기록하지 않는 현실 때문에 그만둬야 할까요?

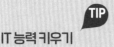

IT 능력 키우기

정보기술 활용 능력이 업무 능력
내가 사용하는 프로그램의 전문가가 되자.

공무원의 대부분이 컴퓨터로 일한다. 하지만 컴퓨터를 잘하겠다는 생각은 좀처럼 안 한다. 야구선수는 배트를, 목수는 연장을, 사무 인간은 컴퓨터를 잘 다뤄야 한다.

IT와 네트워크 없이, 삶 자체를 유지하기 어려운 시대다. IT 능력은 생존 능력이다.

공무원의 대표 프로그램. '아래아한글 워드프로세서(이하 한글)'. '한글' 비난하는 분 많다. 공공기관 독점성과 GUI(그래픽 유저 인터페이스) 불편 때문이다. 이유는 한글이 전문가용 프로그램이기 때문이다. 물론 시대적 요구 때문에, 한글도 점점 GUI를 확대했다.

'한글'은 전문 편집이 가능한 프로그램이다. 간혹 뭐 하러 어렵게 '한글'을 쓸 필요가 있느냐 묻는 분도 있다. 대학생이면 당연히 쉬운 워드프로세서를 써도 된다. 하지만 우리는 누굴까? 우리가 바로 온종일 워드프로세서를 사용하고, 50장짜리 보고서도 만드는 문서 전문가다. '한글' 활용 능력을 전문가 수준으로 올리면 업무시간이 대폭 단축된다.

엑셀, 파워포인트 역시 마찬가지다. 평소 내가 다루는 프로그램에선 전문가가 되자.

좋은 방법! 소속기관 공무원 교육원의 IT 교육을 받자. 3일 정규 과정을 듣고 나서, 인터넷에 공개된 세부적인 무료 강의를 참고하면 금방 전문가가 될 수 있다.

이제 디자인도 실력

공무원들도 이젠 디자인 능력 필수다. 많은 사람이 디자인에 민감해졌다. 디자인을 잘하면 같은 일도 더 잘한 것처럼 보인다. 단, 언제나 내용이 우선이다. 내용이 부실한데 디자인만 챙긴다? 쓸데없는 일한다는 평을 받게 된다. 디자인은 일의 한끝을 높이는 용도다.

멋진 템플릿 구하려, 몇 시간씩 인터넷을 뒤지던 시절도 있었다. 돈 주고 사기도 했다. 최근엔 무료 디자인 사이트가 많아졌다. 초기에 여러 사이트를 사용했는데, 지금은 미리캔버스를 주로 사용한다. 포토샵이 필요 없을 정도다. 저작권 규정과 개인 정보 유출에 유의해서 활용해 보자.

- 무료 포토샵 https://www.photopea.com/
- 미리캔버스 https://www.miricanvas.com/

ChatGPT

ChatGPT 등장으로, AI 사용이 대중화됐다.

공공업무에 적용할 부분을 많이 찾진 못했다. 그래도 특히 유용한 분야가 있었다. 엑셀이다. 엑셀로 이런 기능을 하고 싶은데, 가능할까 하는 의문을 GhatGPT에 말해보자. 엑셀에서 사용할 수 있는 VBS 프로그램 코딩을 해준다. 난 회의실 대관 예약 프로그램을 구글 폼과 ChatGPT로 구현해 보기도 했다. 다만 이런 경우는 특수한 사례라 일반화하긴 어렵다.

우선 업무 관련이 아니라도, 가벼운 질문 아무거나 던져보자. 그렇게 익숙해지면 내 업무에 활용할 부분도 충분히 찾을 수 있다. 모든 IT기술 동향을 따라갈 순 없다. 그래도 관심 정도는 갖자. 변화를 한 번에 따라가려다 보면 포기하게 된다. 매일 조금씩 최신기술에 가까워지자. 공무원도 세상 속에서 살아가는 존재다.

- ChatGPT https://chat.openai.com/

＊ChatGPT를 사용할 시 행정안전부 홈페이지에서 '인공지능, 공공부문에서 똑똑하고 안전하게 활용'을 검색해 유의 사항을 꼭 확인하기 바란다.

돈 쉽게 벌려고
공무원 시작한 그대에게

당신은
기록하고 있나요?

일을 알려주는 사람 하나 없고, 전임자가 제대로 기록해 두지 않아 일이 힘드신가요? 그럼 혹시 본인은 본인의 일을 기록하고 있나요? 본인도 2년 뒤면 누군가에게 선임이고 전임자일 텐데요. 아무도 일을 가르쳐 주지 않는다고 뒷담화만 하는 건 아닌가요?

혹시 벌써 한심한 선배들을 따라가고 싶은 건 아니겠죠. 선배들이 그러니 나도 그래야지. 하고 계신 건 아니죠? 이런 말을 하는 이유는 전 20대분들께 희망을 품고 있어요. 굳이 MZ라는 단어는 쓰고 싶지 않네요. 한 세대를 묶기엔 너무 넓은 범위니까요.

저는 작년 10개월간 팀장 역량 교육을 다녀왔어요. 그곳에서 젊은 세대들에 대해 주의하라는 이야기를 많이 들었죠. 하지만 오랜만의 현실에서 제가 직접 만난 20대 직원분들은 어느 세대보다 합리적이었어요.

20대 덕분에 불합리한 조직 문화도 조금씩 변해가는 걸 느껴요. 그 때문에 조직 모두가 혜택을 받는 일도 생기고요. 그렇기에 여러분께 희망을 걸어봅니다. 이제부터라도 자기 일을 기록해 보자고요. 본인이 아무리 초임이라도 업무상 알게 되는 일들이 있을 거예요. 또 여기저기서 본 업무 관련 자료들을 한곳에 모아보세요.

누군가 예산 지출하는 방법을 자세히 기록해 놓은 파일. 출장비 청구하는 기준과 방법. 어떤 일을 누구에게까지 결재받아야 하는지 알려주는 조직 내의 전결 규정.

내 업무를 처리하는 데 자신만 알고 있는 효과적인 방법. 어떤 행사를 개최하는데 몇 월 며칠에 계획서를 작성했고, 언제 예산을 지출했고, 행사 당일에는 실제 어떻게 진행됐고, 결과는 어땠고, 문제가 생긴 점은 무엇이었고, 잘된 점은 무엇인지. 업무와 관련된 건 뭐든 전부 기록해 봅시다. 자신만의 위키피디아를 만드는 겁니다.

일이 쉬워지려면 기록하라!

왜 해야 할까요? 결국 나를 위해서예요. 기록하는 건 내가 이 일에 익숙해져서 편해지기 위해서예요. 우리 솔직히 편하게 돈 벌려고 어렵게 들어왔잖아요. 일에 대한 두려움이 없으면 출근이 두려울까요? 두려움은 우리가 무언가 모르는 것에서 비롯되잖아요. 기록이 쌓이면 그런 두려움이 사라집니다.

또 퇴근 후 막연한 걱정도 사라지고요. 퇴근 후 일 생각 때문에 걱정되고 잠도 안 오고 그랬는데, 막상 출근하면 아무렇지 않았던 적 있지 않으신가요?

일을 기록해서 외부화해 놓으면, 퇴근 후에 일 생각이 잘 안 나게 됩니다. 돈도 안 받는 시간에 일 생각하면 억울하잖아요?

일은 처음엔 모르는 게 당연해요. 운전을 처음 배울 때 두려움을 느끼는 게 당연하듯이요. 또 기록하는 것도 처음엔 신경 쓰이는 게 당연하고요. 하지만 운전에 익숙해지면 우리 모두 거의 무의식적으로 핸들, 기어, 엑셀을 조작하게 되죠. 기록도 마찬가지예요. 그리고 결국엔 한국 사람들은 모두 레이서가….

기록의 장점은 이것 말고도 많아요. 느닷없는 상사의 질문이나 조직에서 급작스럽게 요구하는 보고에도 기록을 잘해 놓았다면 몇 분 만에 대응할 수 있어요. 기록하지 않은 자들은 그런 급작스러운 요구에 대응하느라 전자문서부터 온갖 서류를 뒤지며 업무시간을 허비하고 정작 일은 밤에 하게 되죠. 주변에서 많이 본 모습이죠?

하지만 꾸준히 기록한 자는 뭐다?
법과 원칙을 준수하여 정시에 퇴근합니다.

제발 남 탓 좀 그만
본인은 인계했나?

"그런데 이런 일들이 일반 사회에서도 일어난다는 것은
아마도 잘 모를걸?" - 『세이노의 가르침』 중에서

너무 창피합니다. 공무원 인계인수가 제대로 되지 않아 힘들다. 이런 비슷한 글이 매일 가다시피 포털사이트에 올라오고 있어요.

계속 그렇게 불평만 할 건가요? 인계인수가 안 되어서 공무원 조직은 썩었다. 누군가 나서서 제도를 바꿔달라. 그러고만 있어도 내 삶이 괜찮으신가요? 조직이 잘못된 걸 모르지 않아요. 그럼 나부터 바꿔나가면 어떨까요? 제가 왜 창피하다고 썼을까요?

공무원만 특별하다는 착각,
우물 안 개구리

얼마 전 행사 중, 역사가 오래된 사기업에 다니는 분들을 만났어요. 공무원들은 업무를 가르쳐 주는 시스템이 없고, 인계인수가 잘 이루어지지 않아 힘들다는 이야기를 나눴죠. 그때 그 기업 임원은 이렇게 답했어요.

"그건 저희도 똑같아요."

옆에서 이야기를 듣던 그 회사 직원분은 노션부터 업노트까지 기록을 위한 다양한 프로그램들을 다루고 계셨어요. 그 외에 요즘엔 업무 효율성을 위해 ChatGPT도 구독해서 활용하고 있다고 하더라고요. 환경은 이렇게 비슷한데 대처법은 다르죠. 누군 불평하고, 누군 극복할 방법을 찾고요.

ChatGpt 이야기가 나와서, 제가 업무에서 테스트해 본 사례를 이야기했어요. 그랬더니 제게 공직자들을 위한 ChatGPT 활용 강의를 해줄 수 있겠냐고 묻더라고요. 교육사업도 진행하는 기업이어서, 제게 농담 식으로 던진 제안이었죠.

저는 아직 지방 공무원 업무에 적용할 부분이 있는지 찾아보고 시험해 보는 단계라고 했어요. 부끄럽더라고요. 그저 레스트하는 수준인데, 그분들은 이미 업무 활용도가 높았어요. 그만큼 업무 효율도 높아졌겠지요.

남들도 어려운데, 공무원들은 우물 속에서 나만 어렵다고 울어대는 것 같았어요. 이런 불평 글들을 기업 직원들이 볼 때 얼마나 우스울까 섬뜩하더라고요.

베스트셀러였던『세이노의 가르침』(2023, 데이원). 그 책에, 공무원에 대한 글도 있죠. 읽어보니 꽤 정확하게 공무원을 알고 계셨어요. 공무원의 비애라는 부분에 나오는 말이에요. 공무원들이 공무원에게만 일어나는 일처럼 생각하는 어려운 사례를 나열하곤 이렇게 말하죠.

"그런데 이런 일들이 일반 사회에서도 일어난다는 것은 아마도 잘 모를걸?"

자신을 괴롭히지 말고 퇴사하세요, 그게 아니라면 나를 위해 조금만 힘을 냅시다

제겐 후배들이 문서 샘플을 달라거나, 문서 수정을 봐달라거나, 일하는 방법이나 직장생활에 대한 상담을 자주 해와요.

면사무소의 거의 모든(등본, 농업, 축산, 서무, 새마을) 일. 연설문과 책자 원고 작성, 대규모 행사와 축제. 시장님 수행 비서까지 다양한 업무를 경험해 본 탓이지요.

얼마나 답답하면 제게까지 찾아왔을까. 6급을 찾아오는 게 9급, 8급 직원들에게 얼마나 어려운 일인지 알기에, 저는 최대한 친절히 상담해 주려 나름 노력합니다. 먼저 말 걸진 않습니다. 꼰대 될까 봐.

찾아온 직원에게 제가 기록한 내용을 보여 주거나 공유해 주죠. 그러면 그 직원은 제가 기록하는 걸 보고 어떤 프로그램인지 묻기도 하고, 본인도 따라서 기록하기도 합니다.

저는 정책 제안 발표대회에서 위키피디아식 업무 시스템을 갖추자는 제안을 한 적이 있어요. 물론 반영되진 않았죠. 아무도 기록하고 싶어 하지 않으니까요. 불만을 제기하는 당신도 그럴걸요?

그러면 포기해야 할까요? 나 혼자라도 해야 해요. 방금 말한 것처럼 똑똑한 Z세대 후배들은 금방 배웁니다. 제가 만나 본 Z세대들은 그랬어요. 그들은 그게 합리적이라 생각하면 배웁니다.

잘못을 잘못이라 말하는 일은 당연히 필요해요. 하지만 그걸 바꿔보려는 노력은 더 중요하지 않을까요? 앞서 말했지만, 기록하는 건 내가 내 일을 쉽게 하기 위함이에요. 퇴근하고 일 생각하지 않고, 퇴근 시간도 빨라지도록요. 결국 그게 후임자에겐 든든한 인계작업물이 되는 거고요.

어떤 방식으로 기록을 시작해야 할까?

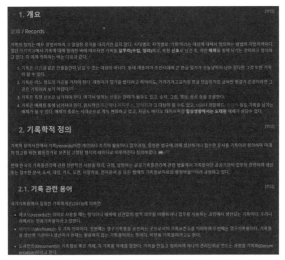

나무위키에서 '기록'을 검색하면 나오는 페이지

저는 후임자들에게 다시 사무실로 좀 와달라는 부탁을 받은 적이 없어요. 인계 파일만 주고 아무 말도 안 했는데, 한 번도 저를 찾지 않은 적도 있죠.

평소에 위키피디아(나무위키) 같은 형태로 업무를 기록해요. 인계할 때가 되면 그 파일 그대로 전부 줍니다. 전체 내용 중 핵심 사항만 한두 페이지로 요약해서 함께 전달하고요.

전체적인 프로젝트의 진행 과정을 알아야 할 필요성이 있을 땐 로그 파일처럼 작성합니다. 날짜와 시간까지 해서요. 그 때 바로 기록하면 1분도 걸리지 않습니다. 날짜와 시간은 요즘 거의 모든 노트 앱에서 단축키 한 번으로 입력해 주고요.

언제 누구와 통화를 했는데, 내용은 이렇다. 언제 이런 서류를 보냈고 서류 내용은 이렇다. 언제 어떻게 예산 사용 처리를 했다. 이런 식으로 기록하지요.

전부 전자문서나 전자 예산지출시스템에 기록되어 있지만, 그걸 찾는 데 시간이 제법 오래 걸립니다. 문서를 파일이나 캡처로 기록하면 1분도 안 걸립니다. 찾는데도 1분도 안 걸리죠. 개별 시스템에 들어가 찾으려면 몇 배의 시간이 들지요. 모든 일을 로그 형태로 작성할 수 있는 건 아니에요. 건축공사 같은 업무나 대규모 행사 같은 경우에 유용합니다.

공무원들이 흔히 당하는 '이게 왜 아직 이거밖에 안 됐어? 그동안 대체 뭐한 거야?' 할 때 대처할 수 있죠. 왜 지연된 건지 기록을 보면 쉽게 알 수 있으니까요. 또, 업무 추진 과정을 보고 할 때도 이런 기록이 있다면 몇 분 안 걸려 보고서를 작성할 수도 있고요.

반복되는 업무라면 체크리스트로 기록하기도 합니다. 업무에 따라 다양한 형태로 작성하는 거죠. 감이 잘 잡히지 않으신다면, 시간을 내어 '위키백과'나 '나무위키' 같은 사이트를 둘러보시면 도움됩니다.

2. 운영위원회 개최 준비 체크리스트
- ☑ 안건제출
- ☑ 개최계획
- ☐ (필요시) 다과 또는 음료 구입
- ☑ 진행 시나리오 작성
  - ☑ 팀장님
  - ☑ 운영위원장
- ☑ 회의자료 및 홍보자료 작성
- ☑ 출석부 준비
- ☐ 회의록 작성
- ☐ 수당지급
- ☐ 의사봉
- ☐ 회의실 세팅

3. 운영위 위촉 과정
- ☑ 위촉과 관련된 보고 문서, 계획서 작성
  - • 　　　　　　　　의견 청취
    - ○ 2023. 2. 21. 오전 11:31 　　의견,
  - • 　　　　　　　　
    - ○ 　　　　메일로 회의개최 공문을 보내주기
- • 2023. 2. 21. 오전 : 　　　　　　결재 대기 요청함
- • 2023. 2. 28. 오전 9:10 　　보고, 　　　　위촉식 하도록 하라고 하

기록을 위한
프로그램 고르기

공공기관에서는 보안 문제로 많은 프로그램이 막혀있습니다. 본인의 기관에서 사용할 수 있는 툴을 찾아야 합니다. 우선 기록이 클라우드로 연동되면 좋습니다. 집에서도 노트북이나 스마트폰으로 기록을 확인할 수 있으면, 집에 와서 일 생각이 줄어듭니다.

일로 인한 막연한 걱정을 하지 않게 되죠. 자료를 열어보면 확인할 수 있으니까요. 언제든 볼 수 있다고 생각하면 오히려 열어보지 않게 됩니다.

인터넷에서 노트, 트리 노트, 위키 같은 검색어를 사용해 본인 기관에서 사용 가능한 프로그램을 찾아야 합니다. 예를 들면 에버노트나 노션 같은 것이 대표적이고요. 다만, 에버노트는 아마 모든 기관이 막았을 겁니다. 소속 기관의 보안 지침에 따라 프로그램을 선택하면 됩니다.

보안이 걱정된다면 로컬 즉, 사무실 본인 PC에서만 돌아가는 프로그램을 사용하는 것도 방법입니다. 여러 도구가 있지만 담비 노트를 추천합니다. 사용법도 한글 워드프로세서와 비슷해서 공무원이시면 쉽게 적응하실 수 있을 겁니다. 오래된 프로그램이지만 기록용으로 쓰기에는 충분합니다.

처음 기록을 시작하면 막막할 수 있습니다. 원래 모든 일의 처음은 그런 법이지요.

어차피 못할 퇴사. 당신이 조직의 선구자가 되면 어떨까요?

인터넷 뉴스 대신 정보 얻기

인터넷 뉴스를 끊자

신문. 여전히 중요하다. 세상 소식을 알아야 일에도 반영할 수 있지만 좋은 정보 찾기란 어렵다. 흥미만 끄는 기사가 너무 많다. 기사 하나 검색하려다, 자극적 기사에 폭 빠진다. 너무 많은 정보는 집중력을 해친다. 최소 시간으로 양질의 정보를 얻을 수 있는 사이트, 몇 곳을 소개한다.

뉴스 요약 정리

이메일로 뉴스 보내주는 서비스 많아졌다. 핵심은 주요 뉴스를 짧게 요약해 주는 것. 이 정도만 챙겨도, 세상과 소통하는데 문제없다.

인터넷에 '무료 뉴스 레터'라고 검색하면 추천 사이트들이뜬다. 잘 살펴보고 본인에게 꼭 필요한 서비스만 받아보자. 이것도 많이 구독하면, 시간 낭비다.

추천 사이트는 '뉴닉'이다. '우리가 시간이 없지, 세상이 안궁금하냐!'는 모토로, 사회 전반의 주요 뉴스를 짧게 잘 요약해준다.

• 뉴닉 https://newneek.co/

서울연구원, 서울특별시 E-Book

서울연구원, 지방공무원에게 보석 같은 사이트. 광역 지방정부는 대부분 자체 연구원을 운영하고 있다. 충남연구원, 경기연구원처럼. 자신이 속한 지자체 관련 연구원과 서울연구원은 매주 한 번씩은 꼭 들러보자.

서울연구원 메뉴 중 '주간 브리프' 코너 좋다. 최신 정책 동향이나 아이디어를 얻을 수 있다. 만약 이게 보고서라면, 간부급이나 받아볼 요약 보고다.

평소 가볍게 보고, 필요한 건 스크랩 하자. 그러면 연말 연초 주요 업무보고 때 신규사업 아이디어 없어 고민하는 일 줄어든다.

원 모어띵. 서울특별시는 자체 전자책 서비스를 운영하고 있다. 개별 정책별 백서가 많이 올라온다. 업무에 참고하면 좋다.

• 서울연구원 https://www.si.re.kr/
• 서울 E-Book https://ebook.seoul.go.kr/library/

프리즘, 대한민국 정책프리핑

시청, 군청, 구청에서 하는 고민은 대부분 거기서 거기다. 그리고 분명 어디선가 먼저 관련 연구를 했다. 그 결과는 정책연구관리시스템 프리즘에서 볼 수 있다.

자주 들어갈 필요는 없다. 사업상 연구용역을 발주할 일이 있을 땐 꼭 들어 가보자. 다른 기관의 비슷한 연구를 찾아보는 거다. 용역사를 상대할 때도 아는 게 있어야 한다. 그래야 용역이 매끄럽다.

'코리아 쩜 케이알'은 공직자 메일 전용 사이트가 아니다. 대국민 정책브리핑 페이지다. 이곳을 참고하면 요즘 행정 분위기를 알 수 있다. 또, 대통령부터 장관까지의 모든 연설문을 한 번에 확인할 수 있다. 연설문 작성에 참고하려고 여러 기관을 따로 방문하지 않아도 된다.

- 정책연구관리시스템 https://www.prism.go.kr/
- 대한민국 정책브리핑 https://www.korea.kr/

Z세대가 공무원 되면 바로 쓰는 꼰대 말버릇 TOP3

신입의
순정

어느 날. 출근하자마자, 딩동. 메신저 울린다. 나와 전혀 관련 없는 부선데. 무슨 일이지? 보고서를 왜 나한테 보냈지. 내이름 동명이인 많으니, 또 잘못 보냈구나.

바로 전화가 왔다. 시장님까지 결재 올리기 전에, 보고서한 번 봐달라는 부탁. Z세대. 열정 있다. Z세대뿐 아니다. 최근엔 중장년 신규 공무원도 많다. 모두 열정 있다.

"근데 누가 이걸 저에게 보내라고 그랬어요?"

"아, 전에 저희 팀장님이 주사님이 보고서 잘 쓰신다고 하시는 걸 들어서요. 죄송합니다. 바쁘시면."

"아, 아니에요. 어떻게 저를 알고 보내셨나 궁금했어요."
귀찮지만, 기분 좋다. 고치면 좋을 부분을 정리해서 보내줬다.

내가 본 Z세대는 인정욕구가 있다. 퇴사하고 싶다는 마음
만큼, 일로 인정받고 싶다는 욕구도 크다고 느꼈다. 타짜에서
곽철용은 말한다. "화란아, 나도 순정이 있다. 네가 이런 식으
로 내 순정을 짓밟으면은 마! 그때는 깡패가 되는 거야!"

하지만 열정 가득한 신입의 순정을 누가 짓밟은 건지. 그들
의 화란이는 누군지. 보고서 작성할 때면 그들도 금방 꼰대가
된다.

배우지 말아야 할
말버릇 1 … "계속"

내게 보고서를 봐달라는 직원이 있으면 묻는다. "제가 이건
전혀 모르는 업무라서 그런데, 이 사업을 왜 하는 거예요?"

대부분 직원. 이렇게 말한다. "계속하던 건데요."

공무원 사무실, 터가 안 좋은 것 같다. 뚜렷한 주관을 가진 Z세대가 공무원만 되면 주관이 없어진다. 내가 만드는 문서는 내가 주인이다. 아무리 전임자가 계속하던 일이라도, 내가 이 일을 하는 이유를 알아야 한다.

그럴 일 없는 극단적 가정. 사람을 다치게 하는 일인데, 계속하던 일이라면? 당신은 계속할 것인가? 현명한 판단을 할 거라 믿는다.

법에 나와 있어 무조건 해야 할 일이라면? 그 법이 이 일의 이유라는 걸 대답할 수 있어야 한다. 철학에서, 사람이 태어난 것에는 이유가 없다고 한다. 하지만 일이 태어난 데는 이유가 있어야 한다.

책 『설득의 심리학』(로버트 치알디니, 2013, 21세기북스)에서 이유의 중요성을 이렇게 말한다.

> "널리 알려진 인간 행동 원칙 중 한 가지는 누군가에게 부탁할 때 이유를 밝히면 더 성공적인 결과를 얻을 수 있다는 것이다. 사람들은 자신의 행동에 이유가 있기를 원하기 때문이다."

랭어는 도서관 복사기 앞에 줄을 서 있는 학생들에게 "실례합니다. 제가 서류 다섯 장이 있는데 복사기를 먼저 사용해도 될까요? 왜냐하면 지금 제가 몹시 바빠서요"라는 작은 호의를 청하는 실험에서 이런 사실을 입증했다. 이유를 덧붙인 이런 부탁은 거의 절대적인 효과를 발휘했다.

요청받은 사람들 중 94%가 순서를 양보한 것이다. 이 성공 확률을 "실례합니다. 제가 서류 다섯 장이 있는데 복사기를 먼저 사용해도 될까요?"라고 이유를 덧붙이지 않은 채 물어본 경우의 성공 확률과 비교해보자. 이 경우에는 60%만 승낙했다.

배우지 말아야 할
말버릇 2 ... "전에도"

팀장이나 상급자가 묻는다. "근데 이 일을 왜 이 방식으로 해? 누가 봐도 비효율적이잖아."

"전에도 이렇게 했는데요."

(속마음 : '뭐래, 지금까지 이렇게 해도 아무 말도 안 하더니. 왜 내가 오니까 갑자기 난리야.')

'전에도'라는 단어. 공무원들 입에 찰싹 붙었다. '계속'과 마찬가지다. 그렇게 해야만 하는 이유를 말할 수 있어야 한다. 전에 그랬어도, 지금은 다를 수 있다. 홍상수 감독의 영화《지금은 맞고 그때는 틀리다》에서 나오는 문장.

'그때는 맞고 지금은 틀리다'처럼.

사회 분위기가 달라졌을 수도 있고, 조직의 수장이 바뀌어 일의 방향이 달라졌을 수도 있다. 전에 맞았다고 지금도 옳은 건 아니다.

배우지 말아야 할
말버릇 3 ... "전부 다"

"다른 부서도 다 이렇게 해요."

"전부 다 이렇게 해요."

당신이 상사의 질문에 이런 대답을 했다면? 당신 상사가 다른 직원도 다 이렇게 하는 걸 모를 리 없다. 상사는 당신에게 '이 직원이라면 다른 좋은 방법을 가져왔겠지.'라고 기대하고 있었을지도 모른다.

만약 전부 다 그렇게 하듯이, 이 일을 그렇게밖에 할 수 없다면 이렇게 말하라.

"저도 이 방식이 이해가 안 돼서, 알아봤는데요. 이게 어떤 법 조항 때문에, 이렇게 할 수밖에 없더라고요. 이 방식대로 하면서 이 파트에 문제만 안 생기게 주의하면 될 것 같습니다."

'전부 다' 이 단어의 뜻은 뭘까?

다 그렇게 하니, 이렇게 하다 잘못돼도 내 잘못은 없다는 마음의 소리다.

계속, 전에도, 전부 다. 이 세 단어를 마음에서 지우자. 그리고. 자, 이제 보고서를 쓰자.

"신 문맹시대"
쓰긴 내가 할게, 읽긴 누가 할래?

공문을
못 읽겠다고?

공문 읽기. 보고서 쓰기. 공무원의 기본. 근데, 공문 읽지 못하겠다는 사람 늘었다. Z세대 말하는 게 아니다. 어른들도 그렇다. 왜?

안 읽으니까.

《국민독서실태조사》. 문체부에서 2년마다 발표한다. 2021년. 성인 절반, 1년에 책 한 권도 안 읽는다. 2019년 오디오북까지 합쳐, 성인 평균 독서량 7.5권. 2021년엔 4.5권. 책 읽는 사람도, 읽는 양도 급격히 줄고 있다. 이유는 스마트폰, TV, 인터넷

게임 때문이다.

숏츠, 숏폼, 틱톡. 사람들은 초 단위 디지털 콘텐츠에 익숙해졌다. 책은 물론, 두 시간 영화도 못 볼 정도. 결국 공문 한두 장도 읽기 어려운 시대가 됐다.

글맹시대

이런 변화, 메리언 울프 교수는 『다시, 책으로』(전병근 역, 2019, 어크로스)에서 이렇게 말한다.

> "우리가 디지털로 읽을 때는 흔히 F자형 혹은 지그재그로 텍스트상의 '단어 스팟'을 재빨리 훑어 맥락부터 파악한 다음, 맨 끝의 결론으로 돌진했다가, 가끔은 자신이 이해한 내용을 뒷받침하는 세부 내용을 골라 보기 위해 본문으로 되돌아가곤 합니다."

디지털로 읽을 때, 계속 건너뛴다는 뜻. 디지털에 노출될수록, 뇌도 그 읽기 특징을 닮아간다. 신경 가소성 때문이다. 뇌는 변하지 않는다는 고정관념과 달리, 환경에 따라 계속 변한다고 한다.

요즘 그런 뇌를 '팝콘 브레인'이라 부른다. 빠르고 강한 정보에 익숙하고, 현실의 느리고 약한 자극엔 반응 안 하는 뇌. 글이 눈에 들어올 리 없다. 잘 읽던 사람도 디지털에 익숙해지면, 뇌가 거기 적응하고 글을 읽을 수 없게 된다. 문맹이 아니라 글맹 시대다.

독자에 맞춰 써라

이런 시대. 중요한 건? 내 보고서가 잘 읽히고, 상사 빨리 설득하고, 한방 결재받는 것. 보고서도 변해야 할 시점. 공문 오면 누구나 차분히, 자세히 읽던 시절 끝났다. 어떻게 하면 내 보고서를 사람들이 잘 읽을까?

독자부터 정확히 찾자. 결재라인은 이렇다. 팀장, 과장, 국장, 부시장, 시장. 핵심 독자는 누굴까? 중요한 일 아니어도, 절차상 시장님까지 결재일 수 있다. 그런 경우 핵심 독자는 팀장님이나 과장님이다. 보고서에 가장 관심 많을 사람. 그가 핵심.

보도자료는 보통 과장님 결재. 그럼 핵심 독자가 과장님?

아니다. 보도자료는 시장님이 1차 핵심 독자다. 외부 배포 전, 그 글에 가장 관심 많다.

썸탈 때. 카톡을 어떻게 보내나. 당연히 받는 사람부터, 정확히 누른다. 그 사람 상황, 성향, 취향 등. 최대한 고려해 글 쓴다. 보고서도 마찬가지. 핵심 독자 공략해서 쓰자. 팀장님이 알고 싶은 것과 국장님이 궁금한 건 다르다.

부딪혀 보며 아는 수밖에 없다. 그래도 한 가지 팁은 상대가 듣고 싶어 할 이야기를 써라. 아부하라는 소리가 아니다. 상사는 그 위치에서 '뭐가 가장 궁금할까'를 늘 고민해라.

제목에서 끝내라

당신, 보고서 1건 올렸다. 팀장님은 몇 건 받았을까? 팀원에게 1건씩, 최소 2~3건. 팀별로 3건씩 받으면, 과장님은 12건. 그럼 1천 명, 2천 명에게 보고받는 시장님은?

상사들은 시간 없다. 회의, 결재, 행사, 보고. 내 보고서가 살아남으려면, 그들 시간을 아껴줘야 한다. 상사들이 다 읽고 결재할까. 전자문서에 왜 일괄 결재 기능이 있을까? 제목에서 끝낼 수 있는 건 끝내라. 제목에서 결재 못 받았으면? 제목 밑 핵심 요약 두세 줄에서 끝내라. 안되면 첫 장에서라도 끝내라.

공무원 보고서 악습. 보고서를 꼭 두세 페이지 넘겨야, 내용 나온다. 대면 보고할 때, 공식 멘트. "아 여긴 넘어가고요." 그냥 넘길 내용은 쓰지 말자. 중요한 내용부터 쓰자.

예를 들어, 행사 계획할 때. 행사라고 다 같지 않다. 사업마다 포인트 다르다. 강사, 의전, 시민 호응도. 심지어 개최 시기가 가장 중요할 때도 있다. 그 계획서에서 뭐가 제일 중요한가? 그 내용을 앞으로 배치. 중요한 게 먼저 눈에 띄도록. 두세 줄만 읽고도, 상사가 결재하게 하자.

쉽고,
짧게 써라

직원 20명이 한 건씩 보고 한다. 상사는 분야가 다른 글, 20개를 읽는 셈. 내용을 다 알아도, 20개를 집중해서 보기는 어렵다.

또, IT분야 단어처럼 전문 용어들은 상사도 잘 모른다. 최대한 쉽게 써야 한다. 중학생도 이해하도록 쓰라는 말이 있다. 요즘은 워낙 문해력이 떨어지고 있어, 특히 더 신경 써야 한다.

문해력이 떨어지면 문해력을 높여야 맞다. 근데, 어쩌겠는가. 시대에 맞춰가는 수밖에. 쉬워야 읽는다. 짧게 그리고 쉽게 쓰자.

서식,
걷어내라

공공의 일인 만큼, 문서 서식도 중요하다. 다만 과할 때가 많다. 한 장짜리 요약보고서, 5분의 1이 제목과 부서명인 경우도 있다. 불필요한 부분을 걷어내야 눈에 들어온다.

면사무소, 초임 시절. 행사 시나리오를 작성하는 일. 전임자가 하던 서식을 버렸다. 깔끔하게 만들었다. 부면장님께 드렸다. "아, 잘했는데, 공무원 형식하고 안 맞아." 그래서 예전 서식대로 다시 했다.

8년 뒤. 기획실 발령. 팀장님 지시. "이거 네 건 아닌데, 잘 안돼서 그래. 보고서 잘한다메. 한 번 만들어 봐." 공무원 보고서 아닌 것처럼, 과하게 만들었다. 그래픽도 넣고 사진도 포토샵으로 편집해 포함했다.

투수가 스트라이크 존을 시험하는 마음으로. 이 부서의 보고서 허용 수준을 알려 했다. 실장님이 말씀하셨다. "야, 좋다. 잘했다. 팀장님, 칭찬해 줬어? 이런 건 칭찬해 줘야 해~."

초임 때 부면장님도, 8년 뒤 기획실장님도 모두 좋은 상사셨다. 다만, 안 변할 것 같은 공무원 조직도, 시간이 흐르며 조금씩 변화한 것뿐이다.

변화는 사기업을 보면 좋다. 대기업 홈페이지 방문. 기업 실적 보고서처럼 공개된 파일들 있다. 간결하고 세련된 문서, 찾기 쉽다. 몇 년씩 묵은 공무원 보고서 말고, 이런 외부 문서 서식 참고하자.

영혼을 제거당한 공무원의 보고서 잘 쓰는 법

공문 작성
결국 내용 차이

공문, 보고서. 신규 공무원도 금방 만들어 낸다. 전임자 문서 수정하든, 세련된 문서 참고하든. 공문 몇 번 읽다 보면, 개조식도 금방 적응한다. 즉 서식 문제가 아니다. 공무원 시험 합격할 정도면 국어 실력도 기본은 한다.

공무원들 보고서 작성에서 어려워하는 것. 결국, 내용. 앞선 글 두 편, 정리부터 하고 가자.

《보고서에 꼭 담아야 할 내용》
· 이 일을 왜 하는가?(아무리 일상적인 일이라도 이유가 있어야 한다.)

· 이 일을 왜 이렇게 처리해야 하는가?(다른 방법 말고 왜 이 방법인가.)

《보고서를 작성할 때 지킬 것》
· 결재선에서 이 일을 가장 궁금해할 상사가 누군지 파악하라
· 그 상사가 가장 궁금해할 핵심 사항 알기
· 그 내용을 제목, 요약에 담아라
· 첫 페이지만 보고 결재해도 문제없게 써라
· 쉬운 단어, 짧은 문장으로 써라
· (추가) 가능하면 문서를 깔끔하게 편집·디자인하라

보고서 쉬워지는 마법
4MAT

원페이지 보고서, 5장짜리 계획서, 50페이지 학회 제출 응모서. 문서별로 어떻게 틀을 짜야 할지 고민인가? 어느 문서에나 적용할 수 있는 마법의 구성요소 있다. 바로 4MAT이다.

교육학자 '버니스 맥카시' 교수가 고안한 학습법. 맥카시 교수는 학생들이 어떻게 학습하는지 연구하다, 4MAT을 개발하게 됐다고 한다. 국내에서 맥카시 교수가 직접 강연한 영상도 유튜브에 올라와 있다. 짧은 강연이니 한 번 들어보자.(→ 유튜

브 https://youtu.be/XIbsGOnDOrY)

4MAT은 질문의 답을 찾는 방법이다. 인간이 가진 이성적 뇌와 감성적 뇌. 맥카시 교수는 이 둘을 모두 활용해야, 제대로 된 답 찾기가 가능하다 한다.

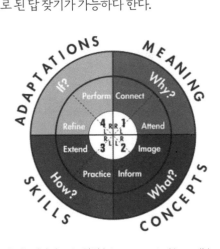

《출처》 매카시 교수 설립 'About Learning' https://aboutlearning.com

감성적인 뇌는 Why와 If로, 이성적인 뇌는 What, How로 문제에 접근한다. 『생각에 관한 생각』(이창신 역, 2018, 김영사)으로 노벨경제학상을 받은 대니얼 카너먼. 그는 이를 느린 생각(이성)과 빠른 생각(감성)으로 표현한다. 그리고 당연히 인간은 빠른 생각인 감성(감정)이 늘 앞선다.

결재받는 상황을 생각해 보자. 내가 알던 국장님은 결재 가면 꼭 이러셨다. "이이~~ 그려, 그려. 수연이 왔어~. 왜에~~~."

인간은 감정이 앞서고, 늘 '왜'가 먼저다.

무조건 성공하는
보고서 필수 구성요소

4MAT을 적용해 보면 안다. 보고서 작성과 대면 보고에 완벽하다. 완벽한 보고서인 이유는, 상사가 궁금해할 내용이 다 들어있기 때문. 완벽한 보고인 이유는 말할 순서를 4MAT대로 하면 되기 때문이다.

보고 순서	영역	요소	보고서 작성	실제 내용 (대면보고 상사 질문)
1	감성	WHY	추진 배경	어, 왜? 이 일 해야되는거야?
2	이성	WHAT	추진 목적	아~, 그래 뭐 하려고?
3	이성	HOW	세부 추진 계획	야, 그거 되겠어? 어떻게 할 거야?
4	감성	IF	추진 배경, 기대 효과	그래? 근데 하면 좋긴 좋아? 괜찮은 거야?

《표》 4MAT을 보고서와 대면보고에 적용하기

8급 때부터 이 방법을 사용했다. 그 뒤로 보고서 못 쓴다거나, 보고 못 한다는 이야기 들어본 적 없다.

가장 중요한 건
역시, WHY

4MAT에서 공무원들이 가장 어려워하는 건 뭘까? WHY다.
왜? 일반인들은 잘 모른다. 공무원은 합격 시 모처로 끌려간
다. 거기서 특수한 기계에 들어간다. 그곳에서 영혼이 제거되
기 때문이다. 하지만 맨 인 블랙이 그 기억을 지우기 때문에,
공무원도 기억하지 못한다. 나는 어떻게 기억하ㄴ 으.. 읍.

상사가 묻는다. "이거 근데, 이런 거까지 우리가 해야 하
냐?" 담당자 답변 "시장님이 시키셨는데요." 영혼이 있다면
어찌 이런 답변을 할 수 있겠는가. 시장님 앞에서도 "시키셨
잖아요?" 이럴 것인가?

뭐할지(What), 어떻게 할지(How). 그냥 예전에 하던 거 그대로
하면 쉽다. 기대효과(If) 대충 시민한테 무조건 좋다고 한다. 보
통 공무원들, 보통 이렇게 한다. 그런데 '왜'(Why)를 물으면 답
하지 못한다. 일에 대해 깊이 생각하지 않기 때문이다.

그래서 이런 답변 한다. "위에서 하래요", "계속하던 건데요", "다들 하는데요". 심지어 나는 후배가 보고서 작성 물어보러 왔을 때, 이거 왜 하는 거예요? 물었더니. "모르겠는데요"도 들어봤다.

'왜'가 '왜' 중요할까?

'왜'가 가장 중요한 이유는 뭘까? 왜 그 일을 하는지, 어떤 정의 하느냐에 따라 바뀐다. 뭐가? WHAT, HOW, IF 전부다. 예를 들어 보자. 외국 대사가 지역 축제에 방문하기로 했다.

당신은 '○○국 대사 ○○축제 방문에 따른 준비 계획'이라는 보고서를 쓴다. 대사는 본국 사절단과 축제를 보러 온다. 근데 사절단에 해당국 어느 도시 시장도 온다. 그 도시와 당신 근무 도시 간 접점이 있어, 이참에 자매결연협약도 맺기로 했다.

축제를 통한 홍보. 협약 통한 관계 개척. 둘 중 뭐가 더 중요한지가 핵심이다. 이 핵심이 바로 '왜'다. 둘 중 어느 게 가장 중요한지에 따라 뭘 할지, 어떻게 할지가 모두 달라진다.

공무원들이
산으로 가는 까닭

공무원들이 일을 열심히 하고도, 좋은 소리 못 들을 때. 그 일을 왜 하는지 몰랐기 때문인 경우가 많다. 그냥 열심히만 했기 때문에, 일이 산으로 간 것이다.

내게 보고서를 검토해달라고 해 살펴본 후배나 동료들 보고서. 소제목에는 분명 추진 배경, 추진 목적, 세부 추진계획이 다 적혀있다. 하지만 제목만 달아놓고 내용엔 4가지 요소 중 빠진 부분이 분명히 있었다.

보고서 첫 2페이지에 추진 배경 써놓고, 진짜 추진 이유는 3페이지에 나오는 경우도 허다하다. 그래서 공무원들이 3페이지부터 보고한다. 본인도 앞 2장이 요식행위라는 걸 알기 때문이다.

즉, 가장 처음 나와야 할 WHY가 제때 나오지 않는 것이다. 이러면 보고 할 때도 꼬이기 마련이다. 보고서의 소제목이 중요한 것이 아니라 앞 139쪽의 표 '4MAT을 보고서와 대면보고에 적용하기'의 '실제 내용' 란에 있는 사항들이 보고서에 꼭 담겨야 한다.

그리고 앞선 글에서 말한 것처럼, 되도록 제목과 요약만으로 끝내라.

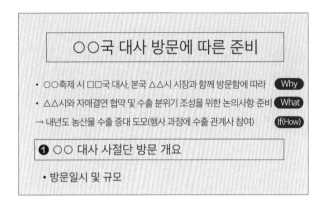

한 번에
되는 건 없다

4MAT 활용하면, 대부분 결재 보고서 2장으로 쓸 수 있다. 물론 쪽지 보고는 1장으로 줄인다. 그래도 필요한 내용 다 넣을 수 있다. 하지만 방법 안다고, 바로 다 되는 건 아니다.

9급, 8급 후배분들이 보고서 작성으로 어려워하는 것 자주 봤다. 공무원 되려고 태어난 사람이 어딨겠는가. 처음엔 잘 안 되는 게 당연하다. 조금씩 한 걸음씩 가자. 결국 다 된다.

보고서 쓰기를 위한 참고 도서

1. 『기자의 글쓰기』(박종인, 2023, 와이즈맵)
공무원은 생각보다 글 쓸 일 많다. 공문과 보고서. 연설문과 보도자료. 여차하면 책까지. 하지만 글쓰기 공부하는 직원은 별로 없다. 보고서에 관한 책을 많이 읽었지만 이 책만큼 실무적으로 도움 된 책은 없었다.

2. 『내 문장이 그렇게 이상한가요?』(김정선, 2016, 유유)
이 책의 초반 부분을 몇 장만 읽어도, '내 글이 이렇게도 엉망이었구나!'를 생각하게 한다. 곁에 두고 자주 살펴봐도 계속 틀린다. 내 문장, 한끝을 올려줄 책이다.

3. 『100만 클릭을 부르는 글쓰기』(신익수, 2019, 생각정거장)
후배들에게 이 책을 추천할 땐, 공직자는 쓰지 말아야 할 기술이라고 했다. 그냥 참고만 하라고 했다. 읽는 사람을 생각한 글쓰기가 얼마나 중요한지, 글 쓰는 사람들이 얼마나 치열하게 문장을 연구하는지 보라는 뜻. 그런데 시간이 갈수록 공식 보고서에도 이런 자극적인 글쓰기를 도입할 때가 아닌가 싶다.

직장 상사가 없으면
무서운 이유

시장님 호출이다. 본인 방으로 오라신다.

"담당자가 몇 개월 자리를 비워서 그래. 내가 말할 거 정리하고, 글로 쓰고 하는 일인데 어려운 건 없어."

(네?? 뭐라고요? 시장님이 사용할 글을 쓰는데 어렵지 않다고요?)

"우선 내일 아침에 내가 어디 가서 발표할 게 있는데, 파워포인트랑 원고 좀 만들어봐."

(내일 아침요? 여긴 시계 없나요? 지금 이미 오후인데요)

"할 수 있겠지? 근데 네가 갑자기 자리를 옮겨야 해서 그게 어떨지 모르겠다."

(저는 밥(Bob) 아저씨가 아니어서 참 쉽지 않겠어요. 하루아침에 갑자기 업무를 바꾸라니요!)

그래서 저도 말을 꺼냈습니다.

"자리 옮기고 그런 건 괜찮습니다. 다만 제가 이 일을 제대로 못 할까 걱정입니다. 결정하시는 대로 따르겠습니다."

네, 뭐. 먹고사는 일이란… 뭐 다 이런 거 아니겠어요…

상사가 필요 없는 줄 알았지

당시 제 팀장님, 과장님께선 제게 별다른 업무 조언이나 지적을 하지 않으셨어요. 저도 제 일에 어느 정도 경험이 쌓였던 거죠. 기안이나 계획서를 올리면 바로 OK를 하셨어요. 얼른 상부에 가서 보고하라고 하시면서요. 일에 자신감도 생겼죠. 제 기안이 늘 시장님께 수정 없이 한 방에 올라갔으니까요.

팀장님, 과장님이 계시나 안 계시나 차이가 없었어요. 그땐 몰랐지요. 내 서류를 검토해 줄 상사가 없다는 게 어떤 느낌인지.

하루 만에 자리를 옮겼어요. 파워포인트 만드는 건 늘 하던 업무라 다행히 빠르게 마무리했어요. 그다음. 결정권자 이름으로 나갈 기고문이 실제 첫 업무였죠.

자, 일단 썼는데. 어라, 검토해 줄 사람이 없네요? 비서실은 각자 자기 업무를 맡아 알아서 처리하고 있더라고요. 비서실장님께 제 글을 한 번 검토해달라고 부탁드렸어요. 일 자체를 떠나 사무실마다 문서 스타일이나 사용하는 단어 같은 게 조금씩 다르니까요.

부탁을 드리니 실장님께서 한 번 읽어는 보시더라고요. 그러면서 아무 조언하지 않으시곤, 직접 시장님께 피드백을 받으라고 말씀해 주셨어요. 무섭더라고요. 그 순간이.

'내 일을 검토해 줄 사람이 아무도 없구나.'

앞으로 수많은 글이 나가야 하는데, 시장님이 일일이 다 확인할 수는 없을 테고요. 행여 잘못된 원고가 나가기라도 하면 제가 문제 일으킨 사람이 되는 거죠. 내가 책임져야 하는 범위가 예전과는 다르겠구나 싶었어요.

'그동안 나 혼자 일해 온 게 아니구나.'

상사도
상사한테 욕먹는다

오래전. 9급일 때 과장님(5급)과 함께 국장님(4급) 방에 들어
간 적이 있어요. 9급이니 큰 역할이 없던 때였지요. 9급이 낄
자리도 아니었고요. 국장님이 작정하고 과장님과 저희 팀 전
원을 부르신 거예요. 폭풍을 맞았죠.

국장님 방에서 나온 과장님은 한탄하시며 이렇게 말씀하
셨어요. "아, 수연이 앞에서 X나 혼났네." 그냥 OK 하는 것처
럼 보였던 상사분들. 사실 그 자리에 있는 것만으로도 책임을
지고 방패가 되어 주셨던 거지요. 직원보다 더 큰 책임에 노출
되어 계셨고요. 상사도 상사에게 혼도 나고요. 5급이 9급 앞에
서 혼났으니, 그때 그 과장님은 얼마나 창피하셨을까요.

네, 뭐. 먹고사는 일이란… 뭐 다 이런 거네요…

상사에게 이유 없이
혼나는 이유

신규가 팀장에게
젭을 날리다

"왜 그렇게 그거에 집착해! 이해할 수가 없네." 이 소리는 신규직원이 팀장에게 혼나는 소리. 사무실 직원들이 다 있는 상황. 팀장 목소리 톤은 모욕적.

사건은 이랬어요. 며칠 전 신규는 과장님께 업무를 물었어요. 팀장이 있는데 과장님께 물은 이유가 있었죠. 과장님은 그 업무 전문가고 팀장은 아니었어요.

물론 신규직원은 팀장에게도 물었죠. 모두 A가 맞다고 하는데, 팀장만 B가 맞다고 하네요. 신규는 결국 계획서 만드는 과정에서 결재권자인 과장님께 의견을 물은 거죠. 여기까지 좋았어요. 신규가 일 처리를 이렇게 까지 하다니! 저는 그 친구가 기특하고 놀라웠습니다.

문제는 다른 곳에서 터졌죠. 과장님은 팀장들을 불러 1주일에 한 번 회의해요. 사무실에 있는 테이블에서요. 부서 전체 업무 진행 상황을 파악하고 지시도 내리죠.

회의에서 과장님은 업무를 A안으로 추진하라고 한 거예요. 팀장은 그 자리에서 B안이 맞지 않느냐 이야기했고요. 과장과 다른 팀장들은 A안이 맞다고 했죠. 팀장은 공개 망신을 당했다고 생각했을 거예요.

회의 내용을 들은 신규는 팀장에게 가서, A안으로 추진하면 되느냐 물었죠. 여기서 터졌어요. 이건 마치 과장에게 카운터 펀치를 맞고 쓰러진 팀장에게 신규가 가서 뺨을 치며 일어나라고 한 거죠.

인간은
합리적이지 않다

팀장은 크게 꿈틀했지요. "왜 그렇게 그거에 집착해! 이해할 수가 없네." 그리곤 한마디 더 이어졌죠. "김 주사, 이거 김 주사가 해."

여기서 김 주사는 접니다. 흡, 불똥이 저에게 튀었네요. '왜 나한테 하라고 해?'라는 생각이 안 들 만큼 신규직원이 안쓰러웠어요. 맞아요. 사실 신규는 잘못이 없어요. 업무 방향이 정해졌으니, 최대한 빨리 일을 진행하고 싶을 뿐이었겠죠. 합리적 마음이죠.

그런데 어디 세상이 합리적이던가요. 다른 글에서도 언급했지만, 인간은 합리적이지 않은 존재입니다.

누구나 인정욕구가 있다. Z세대는 SNS에서, 상사는 회사에서

신규직원은 보고 타이밍을 잘 못 잡았어요. 보고를 타이밍까지 잡아야 하냐고요. 그럼요. 우리 학교에서도 교수님 눈치 봤잖아요?

자영업 한다고 다를까요. 자영업 하시는 분들은 별점 1점 차이에 마음을 졸이신다고들 하잖아요. '나는 자연인이다.'라면 모를까. 우리는 사람 속에서 살죠. 어울려 사는 한 어디서도 눈치 보기는 피할 수 없지요. 가족, 친구 관계에서 조차도요.

과장님 지시로 업무 방향은 이미 팀장도 받아들일 수밖에 없는 상황이 됐어요. 팀장은 다른 의견이 아니라 틀린 의견을 냈다가 카운터 펀치를 맞았고요. 이미 자존심이 너덜너덜해졌겠죠.

사람들이 많이 보는 곳에서 아이를 혼내지 말라고 하죠. 아이 앞에서 부부 서로의 험담을 하지 말라고도 하고요. 자존감, 자존심, 인정욕구. 어떤 단어로 표현하든 간에 그걸 지켜 주는 게 관계에서 중요하기 때문에 나온 말 아닐까요?

사황은 타이밍?
보고는 타이밍!

그 친구에게 위로의 말을 전했어요. 그 친구가 잘 못한 건 없으니까요. 단지 경험이 부족했을 뿐이지요. 제가 그 신규 직원에게 해 줄 수 있는 건 위로의 말뿐이었지요. 덧붙이고 싶은 이 말들이 있었지만 못 해줬어요. 너무 꼰대 같을까 봐 걱정돼서.

"그냥. 내 생각인데, 맞는진 모르겠어. 네가 잘못 한 거 없으니까. 근데 30분 정도라도 텀을 뒀다가 기획안을 조용히 팀장에게 가져갔으면 좋았을 거 같아. 팀장님도 사람들 앞에서 본인이 틀렸다고 방금 망신당했잖아. 가져가서 '팀장님, 이번 기획 이 부분은 이렇게 한 번 정리 해봤습니다. 팀장님께서 한 번 보시고 고칠 부분 있으면 말씀 부탁드립니다.'

이런 식으로 말해 봤으면 어땠을까. 지금 잘하고 있으니까 괜찮아."

보고 잘하는 법?
상사 선제타격하기

당신은
부처인가?

여름 시작. 당신, 에어컨 켰다. 찬 바람이 안 나온다. 큰일 났다. A/S 접수했다. 다행히 5일 뒤에 된단다. 하루 전에 기사님 연락 올 예정. 그런데 연락 안 왔다. 드디어 당일. 응? 기사님이 안 오신다.

5일째 38도. 자. 당신은 이제 어떻게 할 것인가. 조용히 기다릴까? 설마. 당장 전화한다. 진상 아니니, 차분히 말한다. "어제 연락도 없었고, 오늘 기사님도 안 오셔서요."

서비스센터, 알아보고 연락한단다. 근데 두 시간 지나도,

연락 안 온다. 다시 전화한다. 서비스센터, 이렇게 말한다. "알아서 갈 건데, 뭐 하러 자꾸 전화하고 그러세요."

너무 착한 당신. '아, 맞아. 기다리면 내년 여름엔 고치러 올 텐데. 난 느리게 사는 법을 잊었구나. 그렇게 더우면 내가 북극으로 이사 가는 게 맞는데. 사람을 괴롭혔구나. 여름이었다.'라며 열반의 경지에 오른다?

우리는 부처가 아니다. 그리고 사실 이 이야기에서 A/S 센터와 수리기사님이 당신이다. 에어컨 수리 요청한 사람은 직장 상사다.

궁금하시다면, 대답해 드리는 게 인지상정

길 모르는 아이도, 차 타면 궁금하다. "아빠, 여기 어디야?", "아빠, 얼마나 남았어?". 무엇이든 진행 중인 상황이면, 궁금한 게 인간의 본능. 하물며 일. 팀장, 과장님도 국장, 부시장님이 물어볼까 싶어 일의 진행 상황이 궁금하고, 깨질까 봐 불안하다.

차에 탄 아이에게 이렇게 말해 보자. "지금 여기는 어디인데, 반 정도 왔어." "지금 여기는 또 어디인데, 두 시간 정도 더 가야 해." 어떻게 될까? 아이는 더 궁금해하지 않는다. 귀찮아 한다.

인간은 내가 궁금할 때 궁금하다. 누가 먼저 말하면, 궁금하지 않다. 더구나 요즘은 TMI라며 귀를 닫는다.

많은 공무원이 이렇게 생각한다. '어련히 내가 알아서 잘하고 있는데, 왜 자꾸 물어봐. 그렇게 못 믿겠으면 자기가 하든가. 다른 직원한테는 안 그러면서, 왜 나한테만 그래.'

상사가 자꾸 당신만 불러, 일이 어떻게 되냐 묻는가? 당신만 모르지, 다른 직원들은 보고 잘하고 있다.

"그거 어떻게 됐어?"라는 말 듣기 전에, 먼저 보고하면? 상사는 '일이 잘 진행되고 있구나.'라고 생각한다. 일이 어려운 상황에 부닥쳤다고 보고 해도, '이 정도면 금방 바로 잡을 수 있겠구나.' 한다.

당신이 이렇게 먼저 보고하면, 상사도 자주 묻지 않는다.

아이처럼 상사도 불안이 해소되면, 직원 찾지 않는다.

선제 보고는
나를 지키는 방법

"이걸 이렇게 될 때까지, 보고 한 번 안 하고 뭐 했어!" 이런 말 들은 적 있는가. 돌이키기 어려운 난리가 났다는 뜻이다. 혼나는 게 문제가 아니다. 일을 돌이킬 수 없게 되면, 수많은 사람 피해 본다. 가장 큰 피해자는 나다. 스트레스, 징계, 자존감 훼손. 더 말 안 해도 알 거다.

일이 잘못되기 전, 바로잡을 방법은 보고뿐이다. 혼자 끙끙 앓으면, 곪아 터진다. 보고를 빨리 먼저 하는 건, 나를 지키기 위함이다. 가볍고 일상적 지시는, 최대한 빠른 보고가 좋다. 이행할 수 없는 지시라면, 빨리 어떤 사유로 안 된다고 말하라. 상사는 너무 간단한 일은 당연히 했으리라 생각한다. 그래서 한 달 뒤에 묻기도 한다. "참, 그거 안 했나?"

그때서야 "그거 뭐 때문에 안 돼요." 이렇게 말하면, 상사도 폭발한다. 한 달 동안 보고 안 하는 사람이 어디 있느냐고? 없을 리가.

이런 일상적 상황. 당연한 결재 사안은 잘 대처하리라 믿는다. 그럼 언제 선제 보고 해야 할까. 주로 놓치는 상황 짚어보자.

월 3회
선제타격

상사 선제타격 횟수. 바로 알려준다. 월 3회다. 당신이 맡은 사업은 적어도 3~4개는 될 것이다. 사안이 크면 1개 업무만 할 수도 있다. 어느 경우든 상관없다.

사업 추진 중에, 매일 보고 할 만큼 급한 경우는 많지 않다. 하지만 열흘 정도 지나면, 보고할 만한 일이 생기기 마련이다. 사업 진행에 아무 변동이 없다면? 그럼 사업이 지연되는 사유가 있다.

내 일을 상사가 묻지 않아도, 열흘에 한 번 정도는 보고하는 게 좋다. 그래야 팀장 과장님도 갑작스러운 그들의 상사 질문에 대처할 수 있다.

짧고 간략하게 작성한다. 이런 일에 시간 많이 쓰면, 이것도 잡무가 된다. 5분, 10분 내 작성하자. 상사가 안 계실 때 책상에 출력해 놓자. 아니면 메신저 쪽지로 '업무 추진 현황입니다.', 이렇게 제목 달아 보내도 된다.

추가타격

이것도 바로 알려준다. 시장님, 부시장님 장기 출장 가시면? 모든 부서가 안 계신 동안 무슨 일 했는지, 정리해 보고한다. 그런데 왜? 과장님, 팀장님이 휴가 갔다 오시면 보고 안 하는가? 10분만 시간 내, 그간 처리한 일 정리하자. 상사가 묻기 전에, 자료 드려라.

기습타격

끌장을 보자. 새로운 사업이 생겼거나 추가(추경)예산 생겼을 때다. 그럼 뭘 해야 할까. 상사에게 '그 돈(예산)을 언제, 어떻게 쓰겠다.' 보고해야 한다.

시키지 않아도 해야 한다. 보고 안 하는 핑계, 이렇게 대기도 한다. "과장님이 물어보지도 않는데, 내가 뭐 하러~." 사실 자꾸 물어보면 꼰대 같을까 봐, 상사도 참고 있다.

이 역시 나를 위함이다. 정상적으로 일해도, 사정상 제때 사업을 마무리 못 할 수 있다. 그런 문제 선제적으로 종종 보고 했다면, 상사들도 어쩔 수 없음을 안다. '담당자가 잘 대처하고 있구나.' 생각한다. 묻지 않는다고, 보고 누락하면? 잘못한 거 없어도, 아까 본 그 멘트. 실황으로 듣게 된다.

"이걸 이렇게 될 때까지, 보고 한 번 안 하고 뭐 했어!"

보고는
아부가 아니다

이렇게 선제적으로 보고하라 하면, 상사에게 아부하는 거라 생각하는 사람도 있다. 간단히 생각해 보자. 대화할 때도, 주도권은 질문하는 사람이 쥔다. 상사와의 관계에서, 내게 주도권을 가져오는 방법은 먼저 보고하는 것밖에 없다.

주도권을 쥐고 내가 주도적으로 일하는 기분이 들 때, 업무 스트레스가 준다. 보고는 아부가 아니다. 월급 받는 직원의 의무이자, 나를 지키는 방편이다.

꼰대 상사를
요리하는 필살기

지는 싸움을
하고 있잖아

점심 커피 타임. 후배들이 내게 한탄한다. 팀장이 너무 이 상하다고. 팀장을 우리가 바꿀 수는 없으니, 나는 후배들에게 이렇게 이야기한다.

"그냥 너를 내려놔."

꼰대여도, 말이 안 통해도, 업무 외적인 꼰대는 많이 줄었다. 결국 일이다. 후배들이 어려워하는 건 다 보고와 관련된다.

"보고하는 사람은 지고 들어가는 거야. 우리는 서 있고, 보고 받는 사람은 앉아있잖아. 우리는 일단 불리해. 팀장이 지적하면 두 가지만 기억해. 나 보고 하는 거 봤잖아."

"아 제가 그 부분은 미처 못 챙겼습니다. 제가 빠뜨렸습니다."

"아, 그 부분은 말씀해 주신 대로 그렇게 하면 ○○○이 좋아져서 훨씬 좋을 것 같습니다."

내가 맞는데
어떻게 내려놓느냐고?

내가 하는 말이 다 맞는데. 저런 말이 어떻게 나오냐고? 1인분이다. 1인분만 하는 게 직장인 모토다. 1인분만 하는 건 이 일이 내 일이 아니라, 조직의 일이라는 걸 깨닫는 거다. 조직의 일과 나를 동일시 하지 않아야 한다.

지적받아도 내가 아닌 일을 지적받은 거다. 그리고 일은 상사와 내가 함께 하는 거다. 조직의 일을 체계적으로 하는데 나는 한 명의 선수일 뿐이다. 아무리 뛰어난 공격수도 패스한다. 내가 모든 골을 넣어야만 하는 게 아니다. 축구 선수들도 필드에서 티격태격하지 않나. 그런 정도로 받아들이는 마음을 키우자.

치고
빠진다

보고자는 핸디캡을 가진 상태로 상사와 링에 오른다. 보고자가 아웃 파이팅으로 슬슬 돌며 간을 본다. 팀장이 한 방 먹인다. 쓰러질 정도는 아니다. 어질하다. 자, 이제 어찌해야 할까? 권투는 안 해봤다. 그래도 안다. 일단 뒤로 물러나야 한다. 거기서 바로 따지는 건, 한 방 더 맞겠다고 덤비는 거다.

링을 빙빙 돌며 공이 칠 때까지 시간을 버는 거다. 그때 할 말이 이거다.

"아, 제가 그 부분은 미처 못 챙겼습니다. 제가 빠뜨렸습니다."
"아, 그 부분은 말씀해 주신 대로 그렇게 하면 ○○○이 좋아져서 훨씬 좋을 것 같습니다."

나는 이 두 문장으로 직원들이 치를 떠는 상사도 나를 좋아하게 만들어 왔다.

우리는 모두
연기를 한다

자 일단 시간을 벌었다. 근데 어디 우리가 틀린 말 하는 사람인가? 보고서를 재정비해 다시 링에 오르자. 힘들어도 일단 고쳐 달라는 대로 보고서는 고치자. 그리고 이렇게 말한다.

"저도 말씀해 주신 방법이 좋아서 그렇게 변경을 해봤더니, ○○○부분에 문제가 좀 있을 것 같습니다. 그냥 진행해도 괜찮을까요?"

(속마음 : 어이 팀장~ 이래도 네 말이 맞니? 한번 맞아볼래?)

"저도 말씀해 주신 방법이 좋아서 그렇게 하려고 봤더니, 무슨 법 ○○조에 걸리더라고요. 다른 방법이 있을까요? 팀장님"

(속마음 : 내가 다 알고 안 된다고 했잖아요? 팀장니이이임?)

"저도 말씀해 주신 방법이 좋아서 그렇게 하려고 봤더니,

165

이 부분에 문제가 생기더라고요. 이렇게 바꿔보면 어떨까요?"

(속마음 : 그 방법은 구려서 내가 아이디어 가져온 거 한 번 보소. 기가 막히네.)

정말 정신병자가 아닌 한 이 방법이면 부드럽게 일이 진행된다. 진짜 정신병자 문제는 그.. 그건 의사와 상담하자….

보고하기가 죽기보다 무서울 때

과장님이 알려주신, 최고의 팁

비서실 근무할 때다. 요직의 과장님, 비서실에서 서성대신다. 업무능력도 뛰어나고, 친화력도 있고, 요직에 계신 과장님이 왜 이러실까.

"아, 이거 어떻게 보고하지, 큰났네." 계속 혼잣말을 하신다. 다시 본인 사무실로 가셨다가, 비서실로 또 오셨다가 하신다. 그러더니 수행비서인 나를 보고 한마디 하신다. "정말 보고하기 어려운 내용일 땐?" 질문인지 과장님의 혼잣말인지 모른 채, 눈만 동그랗게 떴다.

"나도 예전에 ○○○님 한테 배운 건데, 있는 그대로 솔직하게 보고하기." 그러더니 바람처럼 시장실로 들어가셨다.

○○○선배님이 누구인지 정확히 듣지 못했다. 이 노하우는 내게 전해져, 나의 또 다른 보고 필살기가 됐다. 잘되는 업무는 미사여구를 좀 붙여, 포장을 잘해서 약 좀 팔며 보고해도 된다. 하지만 문제가 있을 땐, 무조건 사실대로만 정확하고 빠르게 보고해야 한다.

당신도 살릴 TIP이 되기를.

사람 죽였다는 민원인이, 내게 고맙다고 한 이유

할 수 있는 건, 듣는 것뿐

"이거 문제가 많아. 나 가만히 안 있어. 내가 서울에서 사람 죽이고 귀향 온 사람인데. 사람 하나 더 못 죽일 거 같아!" 민원인이다. 일자리에서 떨어졌다. 욕하고 소리친다. 욕 섞인 이야기가 한참 계속된다. 나는 그저 듣는다. 잠깐 말이 끊어진다.

"제가 잠깐 말씀드려도 될까요?" "그래 한 번 해봐."

"저한테 욕하시는 건 괜찮은데, 지금 제 뒤로 보시면 사무실에 어린 여성 직원들이 많아요. 이렇게 크게 소리치시면 일하는 곳인데, 불안해할 수 있어요. 저랑 밖에 나가서 따로 이야기하시는 게 어떨까요? 저에게 욕하셔도 되는데, 제가 그거 하나만 부탁드릴게요."

"아니 우리가 당신한테 욕하는 게 아니고. 그래 나가서 이야기합시다."

할 수 있는 게, 거의 없다

공무원이 잘 못 했으면 고쳐주면 된다. 간단한 사안이면 부서 관리자 선에서 조치. 어려우면 상급 기관을 통해 해결하는 방법도 있다. 복잡한 사안이 잘 못 되었으면, 소송 같은 방법으로 고치면 된다.

하지만 행정 일선이라 불리는 현장. 찾아오는 사람들도 소시민. 그들을 만나는 공무원도 같은 소시민이다. 그들의 일은 잘못될 일이 많지 않다. 공무원들도 그런 일에 부패하겠다고 목숨 걸지 않는다.

소시민 사이의 민원은 보통 뭔갈 신청하고 떨어져서 발생

한다. 일자리든, 보조금이든, 정부에서 주는 수당이든. 그런 민원은 대부분 해결이 불가능하다. 공무원도 보통은 절차를 잘 지켜서 일을 진행했을 것이기 때문이다.

할 수 있는 건, 사실대로 말하기

어쩌겠는가. 절차는 어딘가 손에 닿지 않는 위에서 만들었을 테고. 나는 여기에 있고. 할 수 있는 건 사실대로 말하는 것뿐. "저희도 이런 일은 잘못하면, 문제가 생길 수 있다는 걸 알아요. 그래서 절대 저희가 부정하게 일 처리 하지 않아요."

민원이 발생하면, 솔직하게 말하는 게 답이다. 괜히 잘 달래보겠다고 둘러대면? 그 말에 내가 묶여버릴 수 있다. 일자리 선발은 어떤 절차로 진행됐는지. 선발은 몇 명 되었는지. 공개된 정보들을 말해줬다.

다른 사람의 개인 정보처럼 말해줄 수 없는 부분을 요구할 때도 있다. 그럴 땐 솔직하게 규정상 말해줄 수 없다고 한다. 더 궁금해하면 담당자인 내가 해 줄 수 있는 일들. 상급자가 해 줄 수 있는 것들. 최고 결정권자가 판단해야만 고칠 수 있는 제도 등을 모두 이야기해 준다.

정보 격차,
해소

민원인은 보통, 자신이 잘 모른다고 본인을 속이는 건 아닐까? 라는 생각을 한다. 그래서 솔직하게 말해주는 게 중요하다. "그래 우리도 알지, 주무관이 뭐 여기 온 지 얼마나 됐다고. 뭘 어떻게 했겠어."

보통 진심으로 솔직하게 말하는 걸 느끼면, 민원인도 수긍한다. 하지만 머리로 이해한다고, 가슴까지 전달되는 건 아니다. 억울한 마음이 어찌 한 번에 사그라들겠는가. 결국, 감사실, 신문사, 시장 민원실, 시장실까지 계속 불려 다녔다.

일관되게,
사실대로

만약 민원인과 첫 만남에서 사실대로 말하지 않았다면 어떻게 될까. 그 뒤 감사, 신문사 취재 등에서 민원인에게 한 말과 다른 말을 하게 된다.

그럼 민원인은 정말 공무원이 자신을 속였다고 생각한다. 이때부턴 감당하기 힘든 민원이 된다. 일관되게 사실대로 말해야 한다. 만약 혹시라도 정말 공무원인 자신이 실수하거나 잘못 했다면, 바로 인정하는 게 좋다.

내가 해결 못 하면 상사가, 상사가 해결 못 하면 그 위 상사가 해결해 줄 수 있다. 창피한 건 길어야 하루다. 언제나 가장 빠른 해결 방법은 솔직함이다.

사실,
어렵다

말이 쉽지, 사실 어렵다. 내가 한때 근무했던 다른 부서에선, 내가 그 부서에 발령받아 가기 전과 인사가 나서 떠난 후에 각각 칼 든 민원인이 찾아왔다.

민원인이 욕하면서 큰소리치면, 당황해서 얼어붙거나 욱하게 되는 게 사람이다. 요즘은 이런 일이 잘 못 됐다는 인식이 일어나고 있어서 다행이다. 보디캠을 하는 예도 있고, 악성 민원 대응 훈련도 한다. 잘 못 된 것은 고쳐나가고, 있는 자리에서 대응할 최적의 방법을 찾아야 한다.

내가 찾은 최적의 방법은 지금까지 말했듯 솔직함이다.

할 수 있는 게 별로 없는
다 같은 소시민

나를 찾아온 그 민원인은 위에 말한 이런저런 채널로 민원을 제기했다. 시간이 흘렀다. 나도 다른 부서로 발령이 났다. 민원인에게 전화를 걸었다.

"제가 다른 부서로 가게 됐어요. 일자리를 얻으시면 좋을 텐데. 제가 해드릴 수 있는 게 지금까지 알려드린 것 같은 내용밖에 없네요."

하루아침에 담당자가 바뀌면, 얼마나 또 황당할까 싶어 전화했다. 다행히 내가 떠나고 다른 일자리에 붙으셨다는 소식을 들었다. 내가 합격을 시켜준 것도 아니고, 인사가 나서 멀리 떨어진 곳으로 옮겼는데. 그 민원인은 고맙다고 내가 근무하는 부서까지 찾아오셨다.

"제가 해드린 것도 없는데요. 그냥 이야기하시는 거 들어

드린 그것밖에 없는데."

"우리 같은 사람은. 우리 같이 하루 벌어 하루 먹고 사는 사람은. 그런 거 들어주는 거. 그게 고맙지, 뭐"

- 소시민(小市民)
[명사] 사회 일반 노동자와 자본가의 중간 계급에 속하는 소상인, 수공업자, 하급 봉급생활자, 하급 공무원 따위를 통틀어 이르는 말.

존재가 죄송한 공무원
그래도 이땐 사과하지 마라

"시골 할머니, 할아버지껜 죄송하다고 하자. 몇천 원쯤은
그냥 내드리자. 공무원 이전에 사람이니까."

사례1
존재 자체가 송구한 존재 … 공무원

사내 메일 작성 중. 동료가 내 모니터 봤다. 한마디 던진다.
"아니, 뭐가 그렇게 맨날 미안한데." 메일 시작, 이랬다. '주사
님, 죄송한데 …'. 간단한 업무 질의에도, 죄송하다는 말이 습
관이 됐다.

공무원 인기가 아직 좋던 때. 딱 10년 전. 그때 이야기다. 인
터넷 커뮤니티나 신문에서 공무원 비난이 심했다. 직업을 밝
히는 것 자체가 두려웠다. 많은 공무원이 주눅 들었다. 송구함
은 기본 태도가 됐다. 지금은 공무원 불쌍하다는 여론이 많다.

신입은 최저임금도 못 받는 처지니. 그 덕인지 비난도 예전보다 많이 줄었다.

사례2
차관님, 죄송합니다.

그 시절. 내 근무지에서 조류인플루엔자. AI가 터졌다. 내가 읍사무소(도시로 치면 동사무소) 축산업무 담당자였다. 내가 근무한 지역은, 축산이 주요 산업이었다. 내 업무 처리에 문젠 없었는지 확인했다. 다행히 그런 건 없었다.

그런 중 시청직원의 연락. "농림부 차관님이 통화하고 싶어 하신대요."

"차관님이, 저랑요?"

"네, 현장에 있는 담당자랑 꼭 직접 통화를 하고 싶다고 하신데요."
AI가 어느 경로로 발생했는지 파악됐다. 책임소재도 명확해서 문제가 없었다. 그래도 시골 8급 공무원의 차관님과 통화. 그 자체가 떨리는 일. 휴대전화가 울렸다. 야근하느라 저녁 먹던 중. 조용한 곳으로 뛰어가 전화를 받았다. 직원들이 묻는다. "뭐래? 뭐라고 했어?"

"그냥 왠지 다 죄송하더라고요." 내가 긴장할 걸 아신 건지, 원래 부드러운 분이신지. 차관님은 차분하고 부드럽게 물으셨다.

내 답변 앞뒤론 추임새가 자동 삽입됐다. "죄송합니다."

죄송하다는 말을
신중히 생각해야 할 때

위 두 경우엔 죄송하다고 해도 문제가 없다. 인사치레거나 예의를 갖추는 수준이기 때문이다. 그럼, 미안하다고 하면 안 될 땐 언젤까? 법·제도적인 책임 소재가 걸려있을 때다.

허가나 계약처럼 당신의 판단이 개입될 여지가 없는 업무를 볼 때, 무작정 당신 잘못이라며 다그치는 민원인이 있을 수 있다. 그럴 땐 죄송하다 대신, '같이 한 번 다시 살펴보시죠.' 하며 차근차근 설명하는 게 좋다.

이런 때 당황해서 무심코 튀어나온 당신의 '죄송하다.' 한마디가 나중에 발목을 잡을 수 있다.

"담당자가 자기도 지가 잘못했다고 인정하더라고." 이렇게 된다.

안타까운 마음을, 다른 방식으로 표현해야 할 때

법이나 제도적으로 당신 잘못도 없고, 민원인을 도와줄 방법도 없을 때. 당신이 법을 만드는 것도 아니고, 그땐 어떻게 말해야 할까.

"저도 도와드리고 싶은데, 지금 같이 확인하신 것처럼 제 권한으로는 해드릴 수 있는 게 없는 상황이네요."

만약 상위기관을 통하거나, 다른 해결 방법이 있다면 안내까지 해주자. 진솔하고 솔직한 태도. 남을 조금이라도 배려하는 말 한마디. 직장 생활 16년 정도 하면서, 생활에서 배운 게 있다. 그런 진심 담은 한마디가, 본인에게 좋은 일로 돌아온다.

공무원 이전에
사람이다

그럼, 죄송하다고 해야 할 땐 언제일까? 몇 년 전 인터넷에서 화제가 된 사건이 있다. 면사무소에 서류 떼러 오신 할머니가 5만 원을 내자, 공무원이 잔돈 없다며 돌려보냈다는 사건.

업무 보는 측에서 당연히 잔돈을 준비해야 하는 게 우선이다. 그래도 그 문제는 둘째치고.

이건 태도 문제다. 시골은 버스를 한 시간씩 기다려야 한다. 어르신을 그런 이유로 오랜 시간 왔다 갔다 하시게 하면 안 된다.

지난 12일 한 온라인 커뮤니티에는 익명의 누리꾼이 면사무소 신입 공무원의 부적절한 대처를 고발하는 글을 게재했다.

작성자는 "면사무소 발령 난 앤데 군청까지 소문났다. 서류 떼는데 할머니가 현금 5만 원짜리 냈는데 잔돈 없다고 할머니한테 바꿔오라고 했대. 할머니 알았다고 하고 버스정류장에서 앉아서 기다리심"이라며 당시 상황을 설명했다.

이어 그는 문제의 공무원이 일하는 곳이 인구 3만 명 정도 되는 도시라 밝히며 "할머니 차도 없어서 시내버스 타고 온 건데 부면장님이 지켜보다가 부랴부랴 뛰어가서 처리해줬다"고 밝혔다. - 《세계일보》 2020.11.27

이 사건이 진짜인지 아닌지 모른다. 인터넷 신문에선 실제 라고 생각하는 모양이다. 난 진짜 일어난 일이라고 믿고 싶지 않다.

만약 이런 일이 있다면 어떨까? 민원이 쭉 밀렸는데. 어르신이 "아유, 왜 이렇게 내 것만 늦게 처리해 줘." 그러신다면. 그냥 죄송하다고 하자.

"아이고 어르신. 이게 늦게 할라고 한 게 아닌데. 어뜩한데, 순서대로 하다보니까 그러네. 빨리 해드리께요. 쫌만 기다리셔요. 이거 죄송해서 어쩐댜."

몇천 원쯤은 그냥 내드리자.

"어머니. 이거 어디 가서 제가 내드렸다고 말씀하시면 안 돼. 큰일 나. 저 돈 읍써. 아무나 다 와서 내달라고 하면 저 여기 못 대녀." 이러면서.

뭐 법적으로 얼마나 문제 될 일이 있겠는가. 공무원 이전에 사람됨을 잊지 말자.

"누가 갑이야?" 공무원의 용역사 상대 비법 5가지

용역사란 무엇인가?

공무원 대신 일해주는 회사. 용역사. 공무원이 있는데 왜 용역사가 필요할까? 다양성이 증가했다. 시민의 다양한 요구를 관공서가 해결해야 한다.

쉬운 예. 어린이날. 지방은 수도권과 다르다. 지방 아이들은, 즐길 만한 행사가 없다. 수요가 적기 때문에, 민간 업체가 오지 않는다. 그러니 시청이나 군청이 나선다. 마술 공연, 놀이기구, 공예 체험 같은 프로그램으로 어린이날을 채운다. 이런 전문성이 필요한 일은 용역사에 맡긴다.

시청 공무원들은 현장 진행요원으로 일한다. 보건소와 119 공무원들은 위급사태에 대비한다. 경찰 공무원은 행사장 주변부터 꽤 먼 곳까지 안전 관리에 나선다. 이렇게 용역사와 공무원이 역할을 나눠 일한다.

간단하게는 행사에 필요한 음향 장비 대여. 복잡하게는 전문학술연구나 공공수영장이나 도서관을 짓는 일까지 다양한 용역이 이뤄진다. 용역사와 함께 일하는 상황이 꽤 많다.

TIP 1.
너, 내 동료가 돼라!

'갑–을'. 용어부터 무겁다. 상하관계가 연상된다. 최근 '동–행'이나 '상–생'으로 바꾸기도 한다. 좋은 시도지만, 여전히 '갑–을'을 많이 쓴다. 계약서상 용역사가 '을'이다. 그런데 정말 그럴까. 연인이나 부부 사이에도 주도권이 바뀔 때가 있다. 공무원과 용역사도 마찬가지다.

이런 때 용역사가 '갑'이 된다. 용역사가 필요해 찾는데, 그 일을 할 수 있는 곳이 한 곳밖에 없을 때. 이때 이 일을 꼭 해야 한다는 걸 용역사도 알면? 그들 입김이 세진다.

그래서 누가 갑일까? 공무원, 용역사. 둘 다 갑도 을도 아니다. 어린이날 행사 때처럼, 같은 일을 함께하는 동료다. 공무원은 세금으로 일하고. 용역사는 돈을 벌기 위해 일한다. 일하는 동기는 다르지만, 결국 일을 잘해야 한다는 지향점이 같다.

요즘은 공무원도 일을 잘해야 인정받는다. 용역사도 마찬가지다. 용역사도 일 잘한다는 소문이 나면, 사업이 늘어난다. 용역사를 을로 대할 때 성과가 좋을까, 전선을 함께 넘는 동료로 생각할 때 일의 성과가 좋을까?

TIP 2.
돈에 솔직해라

용역사를 동료로 대하려면? 솔직해야 한다. 어느 부분에서? 돈이다. 공무원과 용역사는 세금으로 편성된 예산을 주고받고, 일을 맡기고 맡는다.

간혹 공무원들이 용역사에 '아이고 저희도 돈이 이거밖에 없어요.'라고 거짓말할 때가 있다. 사용 가능한 예산을 속이는 거다. 공무원이 세금을 아끼려는 그 마음은 옳다.

"그걸 어떻게 속여요? 홈페이지에 예산서가 다 공개돼 있잖아요. 요즘은 시민들도 다 그거 보고 찾아오는데." 내가 이렇게 말하면, 깜짝 놀라는 직원들도 있다.

시청·군청·구청 홈페이지에 예산이 공개된다는 것도 모르는 공무원은 스스로 창피할 줄 알아야 한다. 용역사는 당신이 속인다는 걸 안다. 과연 일이 제대로 될까?

공개된 정보만이 아니다. 당신과 일을 해본 타 업체, 전에 같이 일했던 공무원, 지역사회 선후배. 이런 여러 채널로 그들도 많은 정보를 수집하고 공무원을 만난다.

정말 예산이 적어 협상하고 싶다면, 솔직한 게 낫다. '우리 예산은 사정상 부족한데, 중요한 사업입니다. 해결 방법이 좀 있을까요?' 물으며 합의점을 찾는 게 낫다.

TIP 3.
용역사의 권위를 살려줘라

당신이 담당잔데, 아무것도 모르는 상사가 아는 척할 때. 얼마나 속이 터졌는가? 용역사도 같은 마음이다. 만약 모르는 게 있다면, 솔직히 말하자. 이 일은 어찌 되든 내 책임이니 자세히 알려달라고 도움을 청해라. 그러면 용역사도 최대한 협조할 것이다.

일을 요구할 때도 권위를 살려줘라. 행사에 소규모 음향 장비를 부를 때, 난 꼭 이렇게 한다.

"아이고 사장님 벌써 설치하고 계시네요. 사장님이 전문 가시니까 뭐. 다 알아서 하시니까~. 근데 설치 하실 때 앞 쪽하고 뒤쪽 소리 차이만 좀, 잘 한번 잡아 주세요. 아이 고 사장님이 전문가라 다 아시니까 뭐."

아무리 작은 용역이라도 요구할 건 요구하되, 전문가의 자부심을 건드리지 않는다. 공무원이 컨트롤할 수 없을 정도로, 대규모 행사 장비가 들어올 땐? 용역사에 혹시 발생할 수 있는 문제점은 뭔지. 그 경우 대처 방법은 있는지 확인한다. 이런 질문 자체가 용역사의 전문성과 권위를 높여주는 것이다.

그런 일은 있어선 안 되겠지만. 공무원이 파악한 문제점을 용역사가 이야기하지 않으면, 그때 이런 문제점은 어떻게 생각하느냐고 물어라.

TIP 4.
그들의 언어를 배워라

12년 행정 역사를 기록한 백서를 만들던 때. 출판 용역을 맡겼다. 보통 단행본은 '아래아 한글 워드프로세서'로도 충분히 조판이 가능하다. 하지만 전문적인 책자 제작이니, 전문 프로그램을 쓸 것 같았다.

서점에 가서 '인디자인 무작정 따라 하기' 책을 샀다. 프로그램 시험판을 다운받아, 기능을 연습했다.

"대표님, 인디자인 쓰시죠?" "네, 왜요?"

"아 요즘 인디자인 공부하고 있어요. 최소한 뭐가 되고, 뭐가 안 되는지는 알아야 제가 엉뚱한 요구를 안 하죠."

"아, 우린 그런 분 무서운데."

실무 디자이너와 일을 진행하면서, 내가 먼저 요구하지 않은 사항까지 용역사가 제안할 정도로 일이 잘 풀렸다. 공무원이 단기간에 공부한다고 얼마나 알겠는가. 용역사와 커뮤니케이션하려는 노력을 보여주는 게 크다.

행정직인데 건물 내부 인테리어 설계 업무를 맡았을 땐, 3D 모델링 프로그램 스케치업을 깔았다. 전문성의 시대. 같은 한국말을 쓰지만, 서로 알아듣기 어렵다. 상대방의 언어를 알아들으려는 노력은, 생각보다 많은 일을 풀리게 한다.

TIP 5.
그들의 돈을 아껴줘라

용역사와 계약이 체결됐다면? 일하는 것만 남았다. 용역사는 이윤을 얻어야 한다. 공무원은 계약 금액 범위에서 최대한 뽑아내야 한다. 아무리 낭만적으로 이야기하려 해도, 일은 일이다.

가족과 외식할 때. 초등 저학년 딸, 아직 얼굴에 음식을 묻힌다. 냅킨 한 장을 여러 번 쓰면 되는데, 한번 닦고 새 냅킨 꺼낸다. 그때 내가 딸에게 하는 말이다.

"사장님은 이거 다 돈 주고 사시는 거야. 한 장으로 여러 번 써야 해. 남의 돈을 소중하게 대해야, 나도 좋은 대접을 받을 수 있어."

일할 때도 똑같다. 간단한 예. 시민이 참여하는 행사를 하면, 목에 거는 명찰을 만든다. 행사 용역을 줬다면 업체에 맡겨도 된다. 그런데 행사를 자주 하는 부서엔, 사무실에 쓰던 명찰이 남아있다. 이름표만 출력해서 사용해도 된다. 용역사에 맡기면 그들은 명찰을 전부 새로 사야 한다. 그럴 때 난 용역사가 사무실을 방문할 때 명찰을 만든다. A4용지에 출력된 명찰을 하필 그때 막 자르고 있는 거다.

용역사가 들어오면서 말한다. "아, 그런 건 저희가 해도 되는데."

"아니에요. 제가 뭐 할 줄 아는 게 있어야죠. 이런 거나 해야죠. 뭐 이런 거 단순한 거, 힘쓰는 거 있으면 다 얘기해요." 용역사도 왜 그러는지 다 알기에 웃는다.

용역사 직원도 이윤을 많이 남기지 못하면, 회사에서 페널티를 받는다. 공무원이 용역사의 사정을 봐주면서 일할 수는 없다. 하지만 용역사를 배려하려는 작은 마음 정도는 낼 수 있다.

그러면 그들은 그만큼 진심으로 일을 함께한다.

일에서 나를 지키는
'사무 인간'의 자기관리

자기관리 시대
체력은 기본

직장인 자기관리. 중요하다. 자기관리는 뭘까? 국어사전 보자. '자신의 건강, 체력, 이미지 따위를 가꾸고 살피는 일.' 건강, 체력, 이미지. 일 아닌, 인생에서 중요한 것들이다. 그런데 자주 잊는다. 왜? 한 번에 나빠지는 법이 없으니까. 아픔도 나쁜 이미지도, 누적돼 한 방에 치고 들어온다.

당신도 나도, 나이를 따질 것 없다. 일생에서 오늘이 가장 젊은 날이니까. 평소에 챙기자.

자기관리 하는 사람 늘었다. SNS를 보면 Z세대들 운동도 많이 한다. 일 아닌 자기 삶을 위해서. 그게 이미지 관리도 된다. '열심히 살고, 건강한 사람.' 이런 시대 흐름에, 내 관리가 부족하면? 직장에서도 좋은 평 받기 어렵다.

꾸준함. 힘들다. 운동을 몇 개월 하다가, 어느 순간 놓치게 된다. 이 글은 나를 독려하기 위한 글이기도 하다.

언제나 체력이 기본이다. 힘이 없으면 만사가 귀찮다. 생활에서든 직장에서든, 태도의 기본은 체력이다. 걷기, 등산, 마라톤, 헬스, 요가, 필라테스. 종류 상관없다. 뭐든 꾸준한 운동으로 체력 기르는 게 좋다. 업무가 어려울 때, 내 몸에 힘이 있다면? 그래도 버틴다. 체력이 뒷받침 안 되면 정신적으로 금방 무너진다.

일을 잘하려고? 아니다. 일에서 나를 지키기 위해서다.

몸이 아픈 경우는 당연히 의사를 찾아야 한다. 여기선, 사무 인간의 '건강, 체력, 이미지'에 관련된 것만 알아보자.

술

재직 중 술로 건강 해치는 공무원 많다. 술 좋아하는 사람들. 과음해도, 무조건 출근한다. 술 때문에 근무 못 한다는 이미지 싫어서다.

말술이 이미지에 좋기도 했다. 그런 경우는, 일을 잘하는데 술도 잘 먹을 때다. 옛날이야기다. 요즘은 이미지에 마이너스다. 단언컨대, 술은 직장생활에 절대 도움 안 된다. 어떻게 아느냐고? 내가 많이 마셔봐서 안다.

음주 후엔 다음 날 간혹 그다음 날까지도 집중력이 낮아진다. 체력이 떨어져서 그렇다. 20, 30대 땐 그마저 무용담처럼 이야기했다. 지금은 갈수록 내 삶을 갈아먹는다는 느낌이 든다.

난 술을 마실 때 많이 마신다. 그래서 대안을 찾았다. 그런 자리 자체를 줄였다. 친한 친구와 마시는 자리만 남겼다. 한 달에 한 번 정도 마신다. 마흔 이후 술이 몸에 주는 부담감도 부쩍 커졌다.

술은 끊거나, 줄이는 게 좋다. 원 모어 띵. 술이 이미지에 치명적인 이유. 술 마시면 배가 나온다. 사무 인간에게 술은 장

193

점이 없다.

담배

담배. 요즘 담배 피우는 분들 힘들다. 국가에서 인정한 기호품인데, 거의 모든 곳이 금연 구역이다. 담배 피우려면 멀리 움직여야 한다.

난 담배를 피우지 않는다. 흡연을 깊이 이해하지 못한다. 그러니 경험한 것만 이야기하겠다.

사무 인간에게 담배의 단점은 냄새다. 결재받을 때 담배 냄새가 심해서, 분위기 경직되는 상황 자주 봤다. '끽연도 인연'이라는 시대가 있었다. 이제 담배는 사무 인간 이미지에 치명타다.

손과 손목

손목 통증. 사무 인간은 누구나 한번 겪는다. 사무실 키보드, 마우스 내게 맞게 바꾸자. 내 돈으로 그렇게까지 해야 하나 싶다. 그래도 일 아닌 내 몸을 위해서 하자.

마우스는 이견 없다. 버티컬 마우스 쓰면 된다. 차렷 자세를 한 뒤 팔을 그대로 올려보자. 그 자세 그대로 마우스를 사용하는 방법. 그게 버티컬 마우스다. 일반 마우스는 손목을 수평으로 꺾는다. 언제나 자연스러운 게 좋은 법.

키보드는 사람마다 다르다. 노트북처럼 낮은 키보드가 부담 없다는 분들도 있다. 보통은 키보드 키가 높아, 살짝만 쳐도 되는 키보드가 손에 무리가 없다고 한다. 그런 키보드는 주로 기계식이다. 다만, 기계식은 시끄럽다. 사무실에서 쓰려면 소음이 적은 무접점이 좋다.

키보드 오른쪽에 'Ten-Key'라 부르는 숫자패드가 있다. 이게 없는 텐키리스 키보드도 좋다. 그 부분이 있으면 마우스를 사용하려 어깨를 넓게 벌리게 된다. 온종일 그 자세로 팔을 벌리고 있으면, 결국 몸에 부담이 된다.

지금 말한 것들, 당장은 별거 아닌 거 같다. 오래 누적되면, 결국 통증이 올 수 있다. 몸을 위해 내게 맞는 걸 신중히 알아보자.

어깨

경력 많은 팀장님이나 과장님들. 어깨에 문제 생겨, 팔이 안 올라가는 분들도 봤다. 수술까지 받아야 한다. 어깨 뭉침은 사무 인간의 고질병이다. 나도 어깨가 늘 돌처럼 딱딱했다. 심하게 뭉치면 두통까지 왔다.

모두가 사실상 의학박사. 심리적 한의사인 한국인들. 고질병이니 각자 대처법이 있을 거다. 나도 많은 방법을 시도 해봤다. 자신만의 방법이 있겠지만, 내가 해결한 방법을 소개 해 본다. 이 방법을 알고, 지금까지 3년 동안 어깨가 한 번도 뭉치지 않았다.

'사토 세이지'라는 일본 치과의사가 쓴 책『근육에 힘 좀 빼고 삽시다』(최말숙 역, 2020, 포레스트북스). 이 책에선 몸의 다양한 부위를 푸는, 여러 방법을 소개한다. 그중 어깨 푸는 법과 관련된 동작만 외워서 하고 있다. 스트레칭이라고도 할 수 없다. 단순히 겨드랑이 앞쪽 만져주기, 귓불 돌리기 등이다.

여러 방법에도 계속 어깨가 뭉친다면, 꼭 한 번 읽고 시도 해 보기 바란다.

발

발. 30대 중후반부터. 발바닥 아프다는 동료들 있다. 나는 "뭐 그런 데가 아파."라며 비웃었다. 나도 아프기 전까지는.

발바닥을 찌르는 듯한 통증이다. 내 경우엔 엄지발가락 바깥쪽, 뼈도 살짝 튀어나왔었다. 40년 넘게 이 몸으로 살았다. 그런데 엄지발가락 뼈가 원래 이랬나? 판단이 안 섰다. 그만큼 내 몸에 무심했다. 인터넷에 찾았더니, 무지외반증. 엄지발가락이 구두 앞에 맞춰, 과도하게 꺾여 생긴 증상이다.

약을 먹고 신발을 편한 걸로 바꿨다. 다행히 금방 정상으로 돌아왔다. 원인은 보통 딱딱하거나 평평한 신발이다. 요즘은 구두도 기능성 제품 많다. 사무실에 어울리고, 편한 신발을 미리미리 고르자.

젊은 날엔 젊음을 모르고
건강할 땐 건강을 모르고

서른아홉쯤. 힘든 일이 두 달간 몰아친 적 있다. 그리고 산산해졌다. 사무실에 앉아있는데, 이상하게 힘이 없다. 책상 파티션에 자꾸만 기대게 됐다. 대상포진. "이거 대상포진 한 번도 안 걸려 본 사람들은 말이야, 일했다고 할 수가 없어." 과장님은 위로하려, 농담을 건네셨다.

일 열심히 한 훈장이라기엔, 다신 받고 싶지 않았다. 의아했다. 업무도 과중하지 않은 때에, 왜 갑자기. 사람들은 긴장이 풀린 탓이라고 했다. 몸 어디에 문제가 있던 건지 알 수 없다. 다만, 평소 나를 잘 돌보지 않았다는 건 알 수 있다.

자기관리를 하지 않은 아픔은, 언젠가 어디선가 복리로 다가온다.

당신만 모르는
공무원 승진 비법 3가지

승진
과연 중요할까?

승진하는 법. 이 이야기. 얼마나 믿을까. 철없을 때. 내게도 선배들이 이런 이야기들을 해줬다. 물론, 안 믿었다. 흘려들었다. 관운 있으면 좋다. 베이비붐 세대 대거 은퇴로, 승진 자리가 많아지는 것처럼. 그런데 베이비붐 세대가 은퇴한 지금, 모두 빨리 승진했을까?

어느 순간 동료들보다 내 승진이 빨라졌다. 돌아보니, 잊었던 선배들 조언을 따르고 있었다. 고속 승진한 동료들과도 이야기 나눠봤다. 승진하는 법에 대해 모두 비슷한 말을 한다.

공무원은 직급이 달라도, 연차가 비슷하면 월급에 별 차이 없다. 삶에는 승진보다 중요한 게 훨씬 많다. 승진을 포기하고, 삶의 다른 부분에 집중해도 된다. 무엇이 옳은지, 그건 자신만 정할 수 있다.

하지만, 직장인은 누구도 승진에 초연해지기가 쉽지 않다.

승진 비법, 과연 사실~일까? (신비한 이야기 서프라이즈 성우 톤으로)

초대형 베스트셀러 『역행자』(2022, 웅진지식하우스) 의 작가 '자청'은 이렇게 말한다.

> "인생이 너무너무 쉬운 이유를 1분 만에 입증해보겠다.
> 1. 블로그를 개설해서 아무거나 하나의 글을 써라(정확히 20분 타이머를 켜고 시작해라).
>
> 2. 유튜브를 개설해서 자신의 폰에 있는 영상을 아무거나 하나 업로드해라(이것 역시 정확히 20분의 타이머를 켜고 시작해라).
> 자, 했는가? 아마 안 했을 거다. 놀라운 일이 아니다. 100명이 읽어도 99명은 단 하나의 항목도 하지 않는다. 이게

뭘 의미하는지 알겠는가? 겨우 20분 걸리는 일을 시켜도
사람들은 하지 않는다.
그래서 인생이 진짜 쉬운 것이다."

이 대목을 소개한 이유가 있다. 너무 당연하고, 쉽고. 그래서 믿지도 않고, 따라 하지도 않을. 그런 이야기를 지금 하려고 하기 때문이다.

Point 1.
아무도 당신을 모른다

공무원은 보통, 최소 1천 명 넘는 직원이 한 조직에 속해 일한다. 당신이 9급이라면, 당신을 아는 사람은 몇 명일까? 같은 부서 직원 스무 명 말고, 아무도 당신을 모를 수 있다. 그래서 선배들은 인사를 강조한다. 당신이 공무원인 것을 모르는 사람이 980명이다. 어떻게 승진을 빨리할 수 있을까?

인사. 생각보다 어렵다. 시청 복도에서 마주치는 사람, 전부 처음 본다. 여기가 뉴욕도 아니고 "헬로~", 이런 거 입에서 안 나온다. 나도 인사 잘 못 했다. 그래서 더 강조하고 싶다.

다행히 Z세대들. 인사 잘한다. 쑥스러움 같은 게, 예전 세대

보다 덜한 것 같다. 난 7급이 되고서야 이걸 깨달았다. 복도에서 마주치면 나보다 어려 보이든, 전혀 모르는 사람이든 다 먼저 인사했다. 9급 때 깨달았어야 했는데.

종종 후배들이 다른 팀으로 가고 싶은데, 내부 인사가 안 난다고 하소연할 때가 있다. 그러면 난 묻는다. "아침에 다른 팀, 팀장님들께 인사했니?"

사무실에서 집중해 일하다 보면, 누가 한 참 없어도 모를 때도 있다. 내가 여기에 존재한다는 사실을 알려야 한다. 술은 안 먹어도 된다. 인사만 잘하면 된다.

짧은 인사 팁 하나. 상급자와 대화할 때, 분위기를 봐서 마무리에 이렇게 말해라. "항상 저를 신경 써주시고, 살펴주셔서 정말 고맙습니다." 지금껏 한 번도 당신을 신경 써주지 않았던 상사에게 이렇게 해봐라. 그 상사가 나를 위해 나서기 시작한다.

정말이다. 안 믿으면 어쩔 수 없다.

Point 2.
셀프 좌천하지 마라

공무원 빠른 승진. 한 단계씩 위로 갈수록, 요직부서에서 근무하고 있는가로 결정된다. 당신이 인사를 잘했든, 8급 때부터 일로 이름을 날렸든, 각종 대회에서 두각을 보였든. 눈에 띄었다면, 요직부서로 가는 기회는 조금 빨리 올 수 있다.

시장님께 하는 보고는 보통 팀장, 과장님이 한다. 하지만 간혹 8급 때부터 시장님과 1:1로 보고하는 직원들도 나온다. 그런 걸 보고 '나는 이미 틀렸다.' 생각하면, 그때부터 진짜 틀린다.

지레 포기하지 마라. 누구나 9~7급 시절에, 한 번은 요직부서로 배치가 된다. 만약 7급까지 한 번도 주요 부서에 배치가 안 됐다면?

가장 먼저, 현 부서 과장님께 사정을 이야기하고, 부서를 옮기고 싶다고 말씀드려라. 그 뒤에 인사팀 혹은 인사 책임 과장님이나 국장님을 찾아가라. 순서를 바꾸면 안 된다. 단, 자주 가지 마라. 양치기 된다.

그런데 정말 요직으로 가고 싶은가? 사람들은 겉과 속마음이 다르다. 내가 주요 부서에 있을 때, 업무가 추가로 생겼다. 인사 부서에서 우리 팀 자체적으로 한 명을 추천하라고 했다. 많은 직원이 제안을 거절했다. '거기 가서 일 못 한다는 소리 들을까 봐, 걱정된다.'라는 이유였다.

요직으로 발령 났는데, 힘들다고 셀프 좌천하는 직원도 있다. 공무원은 어느 일을 하든 월급이 같으니, 그 결정을 비난할 수 없다. 다만 그런 직원들은 동기들이 승진하는 걸 보고 후회하기도 한다. 다시 좋은 부서로 보내달라고 요청한다.

빠른 승진을 하고 싶다면, 주요 부서에 있을 때 버려야 한다. 승진 후 다른 부서로 가도, 그 요직부서에서 다시 당신을 찾는다. 기회를 잡았을 때 놓느냐 마느냐는 본인 선택이다.

Point 3.
연결자가 돼라

정치인이 행정조직에 오면 놀란다고 한다. 똑같은 일을, 여러 부서에서, 동시에 추진하고 있어서. 대규모 조직은 부서 칸막이가 생길 수밖에 없다. 공조직만의 문제가 아니다. TOSS의 창업 역사를 다룬 책『유난한 도전』(정경화, 2022, 북스톤). 기술 혁

신적인 TOSS도 부서 소통으로 고민하는 모습이 책에 나온다.

그렇기에 상급자는 시야가 넓은 직원을 원한다. 담당자는 내 업무만 본다. 여러 부서 일을 통합적으로 볼 수 있다면? 당신은 분명 눈에 띈다. 흔히 요직부서라고 불리는 곳. "기획, 홍보, 예산, 자치." 모두 전체 부서의 일을 통합하는 역할을 한다. 이 부서들이 요직인 이유가 여기 있다.

시대의 지성, 이어령 선생님. 그의 마지막 말씀을 다룬 책. 『이어령의 마지막 수업』(김지수, 이어령, 2021, 열림원)에서 이어령 선생님은 '21세기 인재'를 이렇게 말씀하신다.

> "라이벌의 어원이 리버river야. 강물을 사이에 두고 윗동네 아랫동네가 서로 사이가 나빠. 그런데도 같은 물을 먹잖아. 그 물이 마르고 독이 있으면 동네 사람이 다 죽으니, 미워도 협력을 해. 에너미는 상대가 죽어야 내가 살지만, 라이벌은 상대를 죽이면 나도 죽어. 상대가 있어야 내가 발전하지. 같이 있는 거야.
>
> 그런 사람이 바로 21세기의 리더고 인재라네. 어느 조직이든 이쪽과 저쪽의 사이를 좋게 하는 사람이 있다면 그 조직은 망하지 않아. 개발부와 영업부, 두 부서를 오가며

서로의 요구와 불만을 살살 풀어주며 다리 놓는 사람, 그
사람이 인재고 리더야."

빠른 승진을 하고 싶다면, 다른 부서 핵심 사업 정도는 알
아야 한다.

모든 준비는
평소에

어떤 업무를 추진하든, 다른 부서에 피해를 주진 않는지,
다른 부서 업무와 중복되진 않는지, 다른 부서와 협력해야 더
좋은 결과를 낼 수 있는지. 평소에 잘 살펴봐야 한다.

초임 공직자들. 간혹 업무가 많지 않을 때가 있다. 내게 그
럴 땐 뭘 해야 하느냐고 묻는 직원들이 있었다.

그럼 난 전자 문서함을 열고, 부서로 들어오는 문서 전부를
읽어보라 한다. 그래도 시간이 남으면 다른 부서 문서함까지
살펴보라 한다. 쉴 때 가벼운 마음으로 '이런 분위기가 있구
나' 하며 살펴보면 된다. 사내 게시판에 올라오는 보도자료나
기획 기사. 당연히 모두 읽어야 한다. 하루에 5분도 안 걸린다.

한 가지 팁. Google에 들어가서 '구글 뉴스 키워드 알림'이라고 검색. 맨 위에 'Google 알리미 – 관심 분야의 새로운 콘텐츠를 알려드립니다.'라는 링크 클릭. 거기에 본인 조직 이름을 넣는다. 예를 들어 당신이 대한민국 정치 1번지, 종로에 근무한다면 '종로'라는 키워드를 넣는다. 하루 한 번, 키워드 걸린 뉴스가 알림으로 온다. 평소 미처 접하지 못한 뉴스까지.

정말 많은 직원이 묻는다. "요즘 인사 말씀이나 보도자료 쓸 때 뭐가 중요해?" 조직에서 지금 뭐가 중요한 이슈인지도 모르는데, 어떻게 내 기획안과 사업을 조직 철학에 맞춰 디자인할 수 있을까. 알아야 뭐든 연결할 수 있다. 단 한 번의 기회가 왔을 때 잡으려면, 미리 준비해야 한다.

덧붙여

여기까지는 선배님들. 승진 빠른 동료들과 평소 공통으로 했던 이야기다. 개인적으로는 책 읽고, 글 쓰면 좋다고 생각한다. 그랬을 때 일할 기회가 자주 온다고 믿는다. 하지만 승진과 관련해 일반적 사례는 아니다. 그래서 자세히 언급하지 않았다.

잘나가는게 그렇게 좋을까?

아무에게도 못한 이야기

아무리 느리고 빨라도, 공직사회 승진은 최대 차이가 났을 때 3년이다. 물론 그 이상 차이 나는 경우도 있겠지만, 개인적인 특수 상황일 것 같다.

인간의 삶은 이제 100세 시대를 본다고 한다. 우리 인생에서 3년의 늦고 빠름은 별거 아닐 수 있다. 늦은 승진과 빠른 승진을 둘 다 겪고 나서 든 생각이다.

남들에게 이런 말을 하지 못했다. 배부른 소리나 건방진 소리로 들릴 수 있어서다. 빠른 승진을 한 사람들이 다 운 좋아서 어쩌다 됐다고 생각할 수 있다. 공직사회가 워낙 넓으니 물론 그런 사람들도 있을 거다. 사회에서라고 그런 일이 없을까. 사람 사는 곳이면 다 그렇겠지.

나는 비서를 하면서 아이들 얼굴을 1년 반 동안 거의 못 봤다. 아이들이 잘 때 출근했고, 퇴근하면 아이들은 자고 있었다. 집에 못 들어온 날도 수없이 많다. 몸 아픈 곳도 한두 곳이 아니었다.

어느 날 운전비서와 단둘이 차에 있을 때. 난 이렇게 말했다.

"형, 난 한 달 뒤에 승진시켜 준다고 해도, 지금 비서 그만둘 수 있다면 그만두고 싶어."

내 경우만 이야기해서 그렇지, 비서 아니라도 건강과 가정을 내어주고 승진한 분들 많다. 본인이 선택할 수 있는 것도 아니다. 인사 발령 통지 서류 한 장으로 옮겨 다니는 게 공무원이다. 일 때문에 힘들든, 승진이 안 돼 힘들든. 남의 일은 다 쉬워 보이고, 남은 다 편해 보이고, 남들은 다 잘되는 것처럼 보인다.

우리 모두 삶을 꾸려가기 위해 직장에 다닌다. 남을 너무 의식하지 말고, 내 삶에 집중하며 살면 좋겠다. 나도 잊지 않으려고, 늘 다짐한다.

"술 아닌 이것"
공무원 승진비결 뭐길래

멈췄더니,
보이더라

첫째 아이, 돌이 막 지났던 때. 육아휴직 했다. 휴직했더니, "야, 집에서 뭐 해. 나와서 술이나 한잔하자." 이런 연락 자주 온다. 사람들은 남자가 휴직하면, 논다고 생각한다.

맞벌이인 우리 부부는 한 명이 휴직하면, 다른 사람은 집안일에서 손을 뗀다. 육아, 요리, 청소, 빨래 전부 다. 육아라는 건 경계가 없으니 쉽지 않지만, 되도록 출근하는 사람이 쉴 수 있도록 배려한다.

술 먹을 줄 안다. '술자리'가 얼마나 달콤한지도 안다. 그런데 육아휴직하고 술 마시러 다니면, 휴직 전부가 의미 없어질 것 같았다.

휴직해도 1개월 정도는 업무 연락이 온다. 그래서 2개월 정도 기다렸다가, 휴대전화 번호를 바꾸고 가족, 친척에게만 알렸다. 그렇게 집에서 아이 보고, 청소하고, 장을 보고, 요리하고. 문득 깨달았다.

'시청에서 무슨 일이 있는지 전혀 들리질 않네.'

인생에서 술을 제일 많이 마셨지만, 승진은 안 됐다

집에만 있으니, 삶에서 시청이 전혀 느껴지지 않았다. 출근할 땐 온 세상이 시청과 관련된 줄 알았다. 9급, 4년. 내 인생에서 제일 술을 많이 마신 때였다. 직원들과 어울리는 일이 많았다. 직원끼리 해외여행 가는 모임도 있을 정도였다.

주량도 꽤 되니 다른 직원들이 불편해하는, 상급자들과의 술자리도 마다하지 않았다. 그래도 안 됐다. 8급 승진하는 데 4년이 걸렸다. 연차를 꽉 채운 승진이었다. 은퇴할 때쯤에야 6급을 달 수 있는 속도였다.

9급 때. 삶의 많은 부분을 직장에서 잘 나가고 싶은 마음에 내어줬다. 그게 별로 중요하지 않다는 걸 휴직하고 깨달았다. 복직하고, 모든 모임을 없앴다. 전화번호도 자주 바꿨더니, 연락도 끊어지기 시작했다.

부서 전체 회식이 아니면, 술자리에 가지 않았다. '술 마실 줄 알면서, 자기네 팀장이랑 술도 안 먹는 싸가지 없는 놈'이라는 소문까지 돌았다. 신경 쓰지 않았다. 내 삶이 더 중요했다. 퇴근하면서 마트에 들러 장을 보고, 요리해서 저녁을 먹었다. 아이와 놀고, 나머지 시간은 책을 읽으며 보냈다.

누가 무슨 욕을 해도 내 인생이다. 직장보다 가정에. 그리고 나에게 충실한 삶을 살기로 했다.

술끊고,
욕도 먹고, 스타도 됐다

어쩔 수 없는 상황이 아니면 초과 근무도 안 했다. 업무시간에 최대한 빨리 일을 처리 했다. 시간이 생기니 일 년에 책을 80권씩 읽었다. 그 정도 책을 읽으니, 다양한 분야를 접했다. 관심 있어 읽었지만, 기본소득, 공동체처럼 행정정책과 관련된 책들도 있었다.

술만 먹고 다닐 때는, 내가 누군지 조직에서 아는 사람이 별로 없었다. 승진을 포기하고 일찍 퇴근해서 가정에 충실했다. 남은 시간에 책만 읽었을 뿐인데, 그랬더니 보고서나 발표로 조금씩 내 이름이 알려졌다.

지금은 사라진 '정보화 경진대회'라는 게 있었다. 양질의 IT 관련 보고서를 빨리 쓰는 대회다. 시청에서는 수년간 1등을 했고, 나중엔 도 대표로 뽑혀 중앙대회까지 나갔다.

전 직원 업무보고를 할 때, 사무관이 하는 발표를 8급인 내가 하는 기회도 얻었다. 나중에 다른 부서 후배가 "형, 형 발표할 때 막 웅성웅성하고, 저 직원 누구냐고 막 그랬어요. 형 스타 됐어요."

모임을 끊고, 술을 끊고, 가정으로 돌아갔더니, 오히려 초고속 승진이 찾아왔다.

처음부터
면장님 말씀을 들었더라면

내 아버지와 나이가 비슷하셨던, 공무원 생활에서 처음 만난 5급 면장님. 어느 날 둘이 차를 타고 가는데, 엄한 아버지 같았던 그분이 이렇게 말씀하셨다.

"니 누가 와서 모임 들으라고 막 그럴거여. 동기 모임이다. 또 무슨 뭐와 관련된 모임이다. 별게 다 있어. 그러면 '제가 아직 일도 제대로 모르고 그래서 당분간은 시간 내기가 어려울 거 같습니다. 좀 생각해 보겠습니다.' 그렇게 핑계 대면서 모임 들지 말어. 내가 모임이 15개여. 모임비 별거 아닌 거 같애도 그거 모이면 엄청나. 보통 한 달에 한 번씩 모이는데, 집에서 식구들하고 저녁을 한 번 못 먹어. 소용도 없는 거, 이젠 빠진다고도 못 하고."

그때 그 말씀을 바로 알아차렸어야 했다.

모임을 하지 않아도, 술을 마시지 않아도 된다. 신규공직자들은 모임이나 술을 너무 걱정하지 않아도 된다. 인사철에 요직에 있는 상급자들은, 업무 능력이 좋아 자신의 성과를 높여 줄 직원을 찾는다. 물론 술 마실 땐, 일 못 해도 술 잘 마실 직원을 찾는다.

가족과 시간을 많이 보내고, 책이라도 한 권 읽는 게 낫다. 삶을 위해서도, 승진을 위해서도.

"술 아닌 독서"

건배사 잘 하는 법

3가지만 기억하자

건배사, 어렵다. 경력 오랜 선배님들도 고통스럽다고 한다. 공무원들은 공개된 자리에서 발언하는 기회가 별로 없어 그렇다. 회식 자리 건배사나 인사 발령으로 부서를 옮길 때, 송별사 같은 멘트 하는 법 알아보자.

인터넷에 재밌다고 올라오는 이상한 건배사들. 그런 건 하지 마라. 인터넷에서 볼 때나 웃기지, 실제로 하면 민망하다.

건배사 할 정도 회식. 그럼 분명 회식의 목적이 있다. 그걸 캐치하고, 칭찬의 말을 하는 게 포인트다.

건배사 준비 방법, 세 가지면 된다

1. 회식 목적은?
2. 주인공은?
3. 구체적 칭찬 준비

유머나 감동까지 적절히 섞으면 좋겠으나, 이걸 읽고 있으면 그 수준은 아닐 거다. 담백하게 하자. 빨리 끝내고 편히 밥 먹자.

3번 구체적 칭찬 준비. 이게 제일 중요하다. 그 주인공과 특별히 좋았던 에피소드를 짧게 이야기하면 된다. 그걸 못 찾겠다면? 일을 잘한다고 하든지, 직원들과 협력을 잘해줬다고 해라. 기본은 된다.

그래도 되느냐고? 모든 사람이 자신은 그렇게 일도 잘하고, 협동심도 있다고 생각한다.

예시1 동료직원 인사 발령

"이번 인사로 철수 주무관님이 떠나시는데. 함께 근무하는 동안 업무 처리하시는 것 보고, 일하는 방법에 대해 많이 배웠습니다. 아쉽지만 언젠가 또 뵙길 기대하면서 건배하겠습니다. 철수 주무관님과 모두의 행복을 위하여."

이 건배사에서 구체적으로 이런 점을 배웠다고 사례를 말하면 베스트다. 마무리를 '위하여'로 하는 건 촌스러울 수 있다. 다만 앞에서 할 말은 다 했다. 마무리까지 고민하지 말자.

예시 2 성과가 좋아 상급자가 회식을 개최한 경우

당신이 일 잘해서 성과가 좋아 회식할 수 있다. 그럼

주인공은 누구? 아쉽지만 당신 아니다. 회식을 개최한 상급자가 주인공이다.

이런 땐 일에 대한 자부심을 강조하면 좋다.

"칭찬해 주셔서 고맙습니다. 저를 담당자라고 칭찬해 주셔서 그렇지, 사실 이 일이 잘될 수 있도록, 정말 저희가 생각하지 못했던 일의 방향을 이끌어 주신 '○○님(회식 주최자)'이 아니었으면 이런 좋은 결과가 없었을 겁니다. 이 일을 맡아서 해 볼 수 있었다는 게, 저 자신에게 큰 자산이 될 것 같습니다. 감사합니다."
뒤에 건배사는 대충 고르면 된다.

걱정 마라. 모든 상급자는 내가 지휘를 잘해서 일이 잘됐다고 생각한다.

추가. 공무원 임용된 자리에서, 한 마디 시킨다면? 이름을 명확하게 말하고, 말끝만 흐리지 마라

"이번에 발령받은 홍.길.동입니다. 이제 막 공무원 시작이라 걱정이 많이 됩니다. 아직 아는 것도 없고 할 수 있는 것도 없지만, 최선을 다해 열심히 배우겠습니다. 감사합니다."

스트레스받지 말자

이런 거까지 써야 하나 싶었다. 많은 동료가 어려워하는 걸 봐서 쓴다. 어떻게 건배사를 그렇게 잘하냐는 이야기를 자주 들었다. 핵심은 관심이다. 건배사도 구체적으로 해야 진심이 묻어난다.

하지만 분명한 건, 건배사까지 잘할 필요는 없다. 이런 걸로 스트레스받지 말자. 정 하기 어렵다면, "이렇게 함께 즐겁게 자리할 수 있어서 고맙습니다."라고 만 해도 된다.

3장

공무원으로 살아보니

알았지만 … 역시. 박봉이야.

월급 관리 … 기본만 하자.

박봉이라고 처량하게 살진 말자.

6급 공무원 월급
세후, 카후, 시급?

블라인드, 누칼협,
노예 뽐내기 시대

월급. 공무원 월급. 궁금하신가요? 어디 소속되어 있든 직장인은 사실 특별한 일 없으면 급여명세도 잘 안 열어보지 않나요? 저는 인터넷에서 공무원 월급이 갑자기 화제가 되면 궁금해서 가끔 제 명세서를 열어본답니다. '혹시 나 모르게 급여가 막 대폭 인상됐나? 아니네…'

공무원이 얼마나 버는지 인터넷에 잘 나오죠. 각종 수당까지 자세히 분석 해놓은 글들도 보이더라고요. 블라인드 같은 사이트에선 공무원 월급을 놓고, 누군가는 거지 취급을 하고요. 누구는 세금 훔쳐 가는 도둑이라 하고요. 퇴직할 때까지 모으면 엄청 많이 받는 거라고도 하고요.

이 글에서 박봉이니 뭐니 그런 이야기는 안 하려고요. 공무원 월급은 정부 예산과 관련돼 이렇듯 다 공개되니까요. 그 금액이 많은지 적은지 판단은 각자 자신만의 기준으로 할 수 있겠지요.

누가 뭐라 하든 그게 뭐가 중요하겠습니까. 내가 그만두지 않는 한 그 월급을 받을 거고, 그 월급으로 삶을 꾸려가야 한다는 게 가장 중요하죠. 대기업에 다니든, 중소기업에 다니든 월급 생활자라면 누구나 마찬가지고요. 지금 하는 일을 당분간 계속할 생각이라면, 월급 많고 적음. 뽐내고 헐뜯기보단 내 삶에 집중하는 게 좋지 않을까요?

세전, 세후 보다 더 중요한 건? 카후!

최근 카후라는 유머를 봤어요.

> "세후 200 이런 건 의미 없습니다. 카드값 빠져나간 월급, 즉 카후 얼마인지가 중요하죠. 참고로 제 월급은 카후 2만

7천 원 정도입니다."

웃기면서도 정말 맞는 말이다 싶었어요. 사람들은 '카드 쓸 거 다 쓰고 무슨 카후냐'는 말을 하기도 하더라고요.

정말 그럴까요? 저는 카후가 정말 맞는 말이라고 생각해요. 카드를 쓰다 보면 실제로 월급 받았을 때 쓸 거 다 쓴 게 아니라 쓴 것도 없이 카드값만 소매치기당하는 느낌을 받지 않나요?

알아요. 물론 실제로는 다 내가 썼지요. 이럴 리가 없는데 하면서 카드 명세서를 계산기로 하나하나 더해본 적 다들 있지 않나요? 분명 우리가 결제한 건 1,000원, 3,000원이었잖아요? 근데 카드 대금 낼 때는 10억 막 이렇게 되는 느낌 우리 다 알잖아요??? 물론 그런 한도도 안되지만….

카드를 쓰다 보면 전달 결제 금액이 50만 원이면 다음 달은 단돈 100원이라도 늘어나게 되더라고요. 다음 달엔 50만 100원 이렇게요. 실제론 100원만 늘어나는 때는 있지도 않죠. 아무튼, 이렇게 카드 대금이 늘어나는 게 문제지요.

카후가 중요하지 않다는 건 전통 경제학에서처럼 인간을

합리적 존재로 설정할 때의 이야기겠지요. '지난달에 내가 필요한 건 다 샀으니, 이달에는 카드 쓸 일이 없네.'처럼요.

2002년 노벨경제학상을 받은 경제학자이자 심리학자 '대니얼 카너먼'이 쓴 『생각에 관한 생각』(이창신 역, 김영사) 같은 책으로 인간이 합리적이지 않다는 건 이제 상식이 됐죠. 인간이 합리적 경제 주체가 아니기에, 카후는 개인 경제생활에 중요한 지적이라고 생각해요. 우리는 지난달에 카드 다 썼다고 이달의 핫딜에 초연한 그런 사람이 아니니까요.

카후 보다 중요한 건?
실제 시급

시급 이야기를 하려다 좀 돌아왔네요. 카후보다 중요한 건 뭘까요? 제가 생각하는 건 시급입니다. 최저임금이나 생활임금이 아닌 실제 시급이요. 여러분은 본인이 한 시간에 얼마를 버는지 아시나요? 저는 월급쟁이라면 누구나 자신의 실제 시급을 계산해 봐야 한다고 생각해요. 박봉으로 통하는 공무원이라면 더욱 더요.

'비키 로빈과 조 도밍후에즈'가 쓴 『부의 주인은 누구인가』

(강순이 역, 2019, 도솔플러스)에는 자신의 실제 시급을 계산하는 방법이 나옵니다. 간단히 말하자면 이런 거예요.

그 직장을 다니지 않았다면 입거나 신지 않을 옷이나 신발을 구매하는 비용. 저 같은 경우는 구두나 정장이 되겠지요. 만약 한 시간씩 운전해서 출근한다면 주유비와 그로 인한 자동차 운행에 따른 차량 정비 비용 증가분. 회사에 다니지 않았다면 절대 만나서 술 먹지 않을 사람들에게 쓴 돈. 여기서 내가 친한 친구와 술 먹는데 쓰는 돈은 포함되지 않아요.

즉, 내가 직장을 다니지 않았다면 쓰지 않을 비용을 전부 계산합니다. 평소 즐기는 커피가 아니라 직장 생활 때문에 사먹는 커피까지요.

그리고 1년 동안 실제 통장에 찍히는 모든 종류의 급여 수입을 계산합니다. 성과금, 복지 카드 대금까지요.

1년 총급여 수입에서 지금 회사에 다니지 않았다면 쓰지 않았을 비용을 뺍니다. 그리고 그 금액을 실제 1년 총 근로 시간으로 나눠 시급을 계산합니다.

근로 시간은 직장 때문에 사용하는 시간을 모두 포함해 계산합니다. 1년 동안 대략 회식에 참석하느라 쓰는 시간, 직장

동료들의 하소연을 들어주는 시간까지요. 물론 정확하게 계산하는 건 힘들겠지요.

자세한 방법은 '비키 로빈'의 『부의 주인은 누구인가』에 나옵니다. 월급쟁이라면 꼭 읽어보시길 추천합니다. 조기 은퇴를 말하는 FIRE의 원조 격인 책이라고 합니다. 하지만 은퇴를 조장하는 책은 아니고요. 돈을 시간으로 보는 방법을 알려주는 책입니다. 돈을 시간으로 보면 내 삶에 진정 중요한 게 무엇인지 알 수 있으니까요.

제가 얼마를 받든 그게 뭐가 중요할까요? 제 '리얼 시급'이 가장 중요합니다. 저는 담배를 안 피우고, 모임으로 술 마시는 경우는 한 달에 한 번 정도입니다. 1시간씩 출퇴근하는 동료들과 달리 저는 10분 이내 혹은 걸어서 출근할 수 있는 위치에 삽니다. 그렇기에 다른 동료들보다 시급이 분명 높습니다.

6급인 제 시급은 얼마였을까요? 2022년에 계산했을 때 17,789원입니다.

어느 날 평일 오후에 차가 고장 나서 고치러 갔어요. 돌아오는 길에 제가 좋아하는 유명한 냉면집이 보이기에 들렀습니다. 혼자여서 만두까지 시키자니 양이 많았습니다. 그래도 자주 지나는 곳이 아니라 물냉면 한 그릇에 만두 한 접시를 주문했죠.

심심한 평양냉면에 만두 다섯 개를 먹었습니다. 영수증을 보니 17,000원이 찍혀있더라고요. 평소 같았으면 신경도 안 쓸 금액이었습니다. 그런데 시급을 계산한 지 얼마 안 되었던 때였어요. 제 마음은 설명할 수 없는 복잡한 상태가 됐습니다.

'아, 내가 한 시간 일 해야 겨우 냉면을 먹을 수 있구나.'

초과근무에
저당잡힌 삶

초과근무
뭐라고 생각하시나요?

'아, 그거. 뉴스에서 본 적 있어. 공무원들 밖에서 놀다 몰래 들어와 지문 찍고 수당 타가는 거잖아.' 국민이 인식하는 공무원 초과근무는 이게 아닐까요.

초과근무 그만합시다.
내 삶을 위해서...

알아요. 정말 일이 많아서 초과근무 하는 분들도 있어요. 9급 때 축제 업무에 파견 간 적 있어요. 축제 개최 한 달 전이었고요. 지나고 보니 초과근무를 100시간 정도 했더라고요. 잘 기억이 안 나지만 그땐 수당을 40시간까지만 줬던 것 같아요. 예전에 코로나로 보건소 직원분들이 정신이 혼미한 상태까지 근무하시는 걸 보니 그때 생각이 나더라고요.

밖에서 일하고 밤 11시, 12시 퇴근이 일상인 업무를 할 때였어요. 시청까지 다시 가 지문 찍는 것보다, 그냥 빨리 집에 가고 싶었어요. 그래서 초과 인정 안 받고 그냥 퇴근한 적 많아요. 옆에서 보던 동료가 일한 거 돈은 받아야 한다며 시청까지 억지로 차로 태워다 주기도 했어요.

시골 공무원이 여의도 출장 다니느라 일주일에 3일을 서울에서 밤까지 근무기도 했지요. 타지에서 근무하는 건 초과근무 인정이 안 됐어요. 초과로 일하고 돈 못 받는 이 생활도 꽤 오래 했었지요.

이런 이야기를 길게 한 건, 일이 많다 그런 뜻이 아니에요. 이런 어쩔 수 없는 때도 있는 걸 저도 알지만 그래도 되도록 하지 말자는 거예요. 왜일까요?

삶을
초과근무에 저당 잡히다

지금 말하려는 건 막연히 하는 초과근무에요. 일이 많지도 않은데 말 그대로 그냥 앉아 있는 거요. 아니면 긴장감 없이 일을 한없이 느릿느릿 하는 거죠.

결국 돈 때문이지요. 요즘은 많이 바뀌긴 했어요. 초과보다 빠른 퇴근을 선호하는 분들이 많죠. 그래도 여전히 막연히 초과하는 분들이 있어요. 시간을 돈으로 바꾸는 거죠. 초과근무를 많이 하는 분들은 보통 한 달에 30만 원에서 60만 원 정도 받으실 거예요.

문제는 인간은 합리적 존재가 아니죠. 한번 급여가 60만 원 늘면 어떻게 될까요? 소비 수준이 그 금액에 맞춰집니다. 한번 늘어난 소비는 쉽게 줄지 않죠.

그럼 누가 시키지 않아도 강제로 매달 47시간~57시간을 더 근무할 수밖에 없습니다. 초과근무의 덫에 빠지는 거죠. 한 달에 47시간을 더 근무한다는 건 무슨 뜻일까요? 아이들을 볼 시간이 없다는 뜻이지요. 1년이 가도록 책 한 권 읽을 시간이 없다는 뜻이지요. 피곤하니 업무 효율은 갈수록 떨어진다는 뜻이지요. 돈 쓸 시간도 없었는데 그 돈은 다 어디로 갔을까요?

이제 같이 바꿉시다, 관리자 선배님

꽤 오래전 이야기입니다. 제가 존경하던 4급 공무원이 계셨어요. 그때는 초과근무가 더 만연하던 시절이죠. 그분이 하신 이야기를 전해 들은 적이 있어요. 제가 직접 들은 게 아니라 정확하진 않지만 이런 취지의 내용이었어요.

> '생계 때문에 수당 받으려는 걸 너무 뭐라 할 수 없지만 되도록 하지 않았으면 좋겠다. 만약 과도하게 초과근무가 발생하면 살펴봐야 한다. 한 사람에게 너무 일이 많이 몰렸는지, 그 업무를 수행할 능력이 안 되는 직원이 배치된 것은 아닌지. 그러면 업무를 조정하는 것이 맞다.'

저는 올바른 관리자의 역할은 바로 이것이라 생각합니다. 이렇게 된다면 조직 경쟁력 역시 향상되지 않을까요?

이제 같이 바꿉시다
정책

저는 제도적으로도 초과근무가 없어져야 한다고 생각해요. 제가 인사 조직 분야 업무를 담당해 본 적이 없어 조심스럽습니다. 다만 사례를 통해 느낀 점이 있어요. 지방 공직에서 5급 사무관은 과장입니다. 그 위로는 소수의 4급 국장, 한 명인 3급 부시장이 있지요. (지방 규모별로 약간 다릅니다.)

지방에서 5급 사무관은 한 부서를 책임지는 관리자입니다. 수년 전 사무관 초과근무가 사라졌습니다. 사무관도 연봉제 적용을 받게 됐거든요. 연봉제라 초과근무 수당도 사라졌지요. 어떤 일이 벌어졌을까요?

특별한 일이 없어도 사무실에서 도무지 퇴근하지 않던 사무관들이었습니다. 6시가 되자마자 집에 가기 시작하네요? 세상 충격이었습니다. 사무관 눈치 보느라 퇴근 못 하던 직원들이 수두룩했거든요. 사무관 초과 폐지는 조직의 퇴근 문화에까지 영향을 미쳤습니다.

성과의 객관적 측정이 어려운 공직. 거기다 하위직의 초과

수당을 어떤 방식으로 대체해야 할지 저는 잘 모릅니다. 하지만 개선을 생각할 시대가 된 것 같네요.

이제 같이 바꿉시다
나부터 바꿉시다

초과로 딸려 오는 돈에 익숙해지면, 결국 내 삶이 노예처럼 그 시간에 끌려갈 수밖에 없지요. 누구를 위해서가 아닌 내 삶을 위해서 초과를 줄여나가면 좋겠습니다.

어쩔 수 없이 일을 많이 해야만 하는 상황이라면 어찌해야 할까요? 초과로 받는 수당이 삶의 고정 지출로 연결되지 않도록, 가계 운영을 하는 게 필요하겠지요. 그래야 일이 정상적인 수준이 되었을 때 수당의 노예가 되는 일이 벌어지지 않겠죠.

한 가지 더. 정말 내 일이 많은지 냉정하게 생각해 보면 좋겠어요. 일을 빨리할 방법이 있는데, 계속 남들이 하던 대로 하는 건 아닌지요.

제 전임자가 어떤 사업 서류를 만드는 일은 한 달 정도 걸린다고 알려주더라고요. 서류 양은 많은데 같은 정보가 계속

이리저리 조합된 신청서들이었어요. 저는 이 단순한 업무 때문에 한 달씩 시간을 소모한다는 게 이상하게 느껴졌어요. 엑셀 데이터와 한글 메일머지 기능을 이용해 전임자가 한 달 걸린 일을 한 시간 만에 처리할 수 있었어요.

이건 물론 한 가지 예 일뿐이에요. 앞선 글에서도 말했듯 기록을 꾸준히 한다든지, 일을 빨리할 방법은 조금만 생각해보면 찾을 수 있어요. HWP 한글 워드프로세서를 공무원들은 아마 은퇴할 때까지 써야겠죠. 한글 도움말에 나와 있는 한글 단축키를 다 외우면 어떨까요? 제 경험상 문서 작성하는 시간이 70% 정도는 줄어듭니다.

공무원들은 아직도 종이 달력 쓰는 분이 많죠. 구글 캘린더나 네이버 캘린더 같은 클라우드 캘린더는 차단되지 않고 열려있는데도요. 이렇게 종이로 업무를 처리하고 종이로 된 서류 찾느라 시간 허비하는 모습을 많이 봅니다. 정 어려우면 자주 보는 업무 매뉴얼 같은 거라도 PDF 파일로 저장해 활용해봅시다. 서랍과 캐비닛 뒤지느라 보내는 시간을 많이 줄여줍니다.

우리는 21세기를 살고 있습니다. 이제 우리는 컴퓨터로 일하는 세상에 산다는 걸 잊지 맙시다. ChatGPT에 엑셀에 쓸 코딩(VB Script)을 짜달라면 1초도 안 걸려 만들어 주는 시대입니다.

제가 왜 이런 이야기를 할까요? 세금 아끼려는 모범 공무원이어서? 아니요. 일찍 퇴근하고 삶으로 돌아갑시다.

공무원 자부심은
대체 누가 지켜주나?

공무원이
돈을 걷어?

팀비, 과비. 부서에서 쓰려고 걷는 돈. 잘못된 건 줄도 몰랐다. 팀원들이 돈 내고, 쓸 일 있을 때 같이 쓰는 것. 팀비에서 과비도 냈다. 더치페이가 일상적이지 않던 때. 늘 점심 같이 먹는 팀은, 팀비 자주 걷어 그 돈으로 식사했다. 그렇지 않은 팀은 가끔 걷었다.

동료가 인사 발령으로 떠날 때. 팀이름으로 화분 보낸다. 내가 낸 팀비로, 셀프 명절 선물 받기도 했다. 가끔은 업무로 꼭 필요한 데, 예산으로 못 사는 물품 구매하기도 한다.

공무원 초임 시절. 크리스마스실(Christmas Seal) 구매하라는 공문이 내려왔다. 직원들에게 공문 공유하고, 구매하실 분은 얼마 내라고 사내 메일 보냈다.

직원들은 돈 있는 걸로, 한 번에 사서 나눠주라고 했다. 팀비, 과비에서 내라는 뜻. 지금은 크리스마스실 구매도 자율이다. 사지 않는 직원도 많다. 예전에는 반강제였다. 그러니 소액을 불편하게 걷느니, 한 번에 내라는 말.

그런 돈, 걷을 필요 없었다. 점심, 축하, 구매. 각자 하면 된다. 더치페이를 쑥스러워했던 문화. 회식하려면 그래도 '내가 사야지.'라는 부담스러운 문화. 그런 '함께' 문화 때문이었던 것 같다. 다행히, 이젠 공무원들도 더치페이에 익숙해지고 있다. 뭐든 함께 해야 한다는 문화도 사라지고 있다.

공무원
출장비

왜 이런 이야기 길게 했을까? 이렇게 걷는 돈, 주로 공무원 출장비에서 냈기 때문이다. 출장비. 공무원이 출장 갈 때 받는 돈. 기차 타면 기차 요금. 출장으로 타지에서 밥을 먹을 때 식비. 1박 이상이면 숙소 비용. 개인 자동차로 몇 시간 이상, 업무 보러 돌아다녀야 하면 일정 금액.

이 출장비. 2019년, 대대적 문제가 됐다. 한 민원인이 전국에 대규모로, 수년 치 자료를 요구했다. 부당한 출장비 수령에 관해 조사해 달라는 내용. 전국이 떠들썩했고, 나도 당시 출장비 1만 원 반납했다. 관용차를 탔는데, 승용차 탄 것으로 처리됐다. 기억나지 않아 살펴봤더니, 수년 전 서무 보는 직원이 일괄로 출장 올리며 그렇게 된 것이었다. 확인 안 했으니, 결국 내 책임이다. 이렇게 착오 처리된 일로, 많은 직원이 소액을 반납했다.

나는 이 일 이후로 출장 가도, 되도록 출장비 청구하지 않는다. 기차 타는 등 영수증으로 실비가 명확히 증명되는 것만 청구하려고 한다. 괜한 문제 소지 만드느니, 몇만 원 안 받는 게 낫다고 생각했다.

바뀌는 문화

심각한 문제는 허위 출장. 당시, 행안부에서 '출장여비 부당 수령 관행, 뿌리 뽑는다.'는 보도 자료를 낼 정도였다. 기사 검색 해 보니 중앙부처 공무원 중에, 출장 가지 않고 출장비를 청구해 징역 6개월 선고받은 공무원도 있다.

출장 가도 출장비 청구하지 않는 직원들도 생겨났다. 정액처럼 받던 출장비를 청구하지 않으니, 팀비, 과비 없어지기 시작했다. '함께'하는 문화 옅어짐에, 출장비 문제가 더해졌다. 돈 걷는 문화도 사라지기 시작했다.

공무원 자부심은
누가 지켜주나?

물론 아직도 팀비, 과비 걷기. 남아있는 공무원 조직 있을 거다. 여전히 출장비 부당 수령하는 사람도 있을 거다. 예전 선배들은, 이런 거 못 타 먹으면 바보라고 했다. 가볍게 생각해서 그렇다.

결코 가벼운 문제 아니다. 사기, 공전자기록 위작으로 징역을 받을 정도 사안이다. '누가 알겠어'라며, 허위 수당 타는 당신. 누가 아는가? 아무도 몰라도, 본인 자신이 안다.

공무원의 자부심을 사회에서 지켜주지 않는가? 돈 몇십만 원에도 내던지는, 공직에 있다는 자부심. 과연 남들이 지켜 줄까?

공무원 급여 현실화는, 요구하고 때론 항의도 해서 이뤄내야 할 일이다. 하지만 그걸 핑계로 수당을 부정하게 타는 건 정당화될 수 없다.

부당한 걸 개선하기 위한 노력을 하면서, 현재 월급을 잘 관리할 방법을 찾는 것. 그건 다른 무엇을 위해서가 아니라, 내 삶과 인생을 건강하게 만들기 위함이다.

공무원 자부심. 내가 지켜야 남도 지켜준다.

초보 공무원
거지 탈출 5단계

희망적 상황분석
→ 당신은 돈이 없다

9급 공무원. 1호봉. 월급. 많아 봐야 160이다. 이 말 하면 또 수당이 어떻고, 그런 이야기 나온다. 이전 글《6급 공무원 월급. 세후, 카후, 시급》에 썼듯, 1년 총연봉이 얼마다 이런 건 중요하지 않다. 그 글에서 말했듯, 실제 시급이 중요하다. 6급인 내 실제 리얼 시급은 1만 7천 원 수준이다.

지방 초임 공무원 사정을 보자. 160만 원, 월급 탔다. 차량 기름값 든다. 돈도 없는데 무슨 차냐고? 지방 공무원은 보통 차가 있다. 수도권 분들은 이해하기 어렵겠지만, 차가 없으면 출근 자체가 안되는 경우도 있다.

원룸 월세 낸다. 구내식당 없으면, 점심 밖에서 사 먹는다. 시골도 요즘, 막국수 만 원 넘는다. 알몸으로 출근할 순 없다. 초보 공직자니까 싼 거라도 옷은 사야지. 기본적인 것만 이야기했다. 여기까지만 해도 월급이 얼마나 남았는지, 계산해 보고 싶지 않다.

점심만 먹고 1일 1식 한다 치자. 공과금은 원룸 풀옵션에서 내준다고 치자. 차는 굴러가는 것만 사서 대출이 없다 치고, 핸드폰은 부자 되고 싶으니까 아직 삼성 2G 이건희 폰을 쓴다 치자.

이렇게 말도 안 되는 가정을 해도 남는 돈은 50만 원 정도일 거다. 존 리 아저씨가 커피 사 먹지 말라는 말이, 공무원들은 웃을 일이 아니다.

실제적 상황분석
→ 내.. 내... 내가 거지라니!

현실은 학자금 대출. 아이폰-애플워치-애플 콩나물 이어폰 할부금. 새 차 할부금. 담배. 술값. 액세서리, 화장품, 각종 구독료. 진짜 돈이 없을 거다. 돈이 없는 것에서 끝나면 다행이다. 카드값 막기가 어렵다.

　　카드와 대출의 가장 나쁜 점. 실제 쓸 수 있는 돈이 줄어든다. 좋은 차를 할부로 사고 기분이 좋다. 그렇다고 밥을 안 먹어도 살아갈 수 있는 건 아니다.

　　공무원이든 일반 직장인이든 자기 월급이 적다면, 카드값과 빚부터 없애는 게 우선이다. 물론 현명한 당신은 꼭 필요한 빚과 할부만 있을 거다.

　　그래도 빚과 할부금이 없어야 한다. 그래야 오늘이 편안하고 미래를 계획할 수 있다. 직장생활에 집중하고, 승진 가능성도 커진다.

　　젊을 때 제대로 습관을 잡지 않는다면? 6급이 돼서도 초과근무 수십 시간 해서 수당을 타야만, 삶을 유지할 수 있게 된다. 당신이 40대 중 후반이고 재산 증식을 잘해서, 자산을 불리기 위한 계획 된 좋은 빚만 가지고 있을 수도 있다. 하지만 초임 2~30대에 그 정도 자산운용을 하는 사람이면 이미 퇴사했을 테니 이야기하지 말자.

　　앞으로 말할 5단계는 이렇다. 실제 내가 살아온 방식이다.

너무 길어지니 단계별 내용은 다음 글에서 다루겠지만 순서만 봐도 감이 온다. 이 단순한 방법이 해답이다. 하지만 실천하기 어렵다.

1. 카드값 갚기
2. 대출 갚기
3. 통장 관리
4. 체크카드
5. 저축

지방에 사니 다행히 아파트값이 싸다. 대출 없고, 신용카드를 안 쓰니 카드값도 없다. 아이들이 크면서 30평대 집으로 이사했다. 이사할 일이 당분간 없다. 대출받을 일이 없다. 조금씩 돈을 모아간다. 빚이 없다는 것만으로도 마음은 생각보다 매우 편해진다.

카드값 갚는 여정

내가 9급 신규 때 국제 금융위기가 터졌다. 기름값이 2천

원에 육박했다. 그 옛날 2008년에 얼마나 충격이었을지 상상에 맡긴다.

대학생 시절까지 체크카드만 쓰던 나였다. 사람들은 나를 찔러도 피도 안 나올 거 같은 성격이라고 했다. 그땐 합격하면 마통을 만들고, 시험공부 보상이라며 흥청망청 쓰는 게 유행이었다. 나는 신용카드조차 만들지 않았다.

그런 냉철한 내가. 국제 금융위기, 유가 대란을 맞이했다. 매우 합리적으로, 시티카드(주유할인)를 만들었다. 거의 모든 직원이 쓸 정도로 인기였던 카드. 주유할인만 쏙 빼먹을 생각이었다. 그러나!

카드 대금이 몇 개월 만에 월급에 육박했다. 카드부터 끊기로 했다.

신용카드는 마취제
절대 쓰지 말아야 할 까닭은?

신용카드 쓰는 사람은
늘 과거 속에 산다

월급 수령. 카드 회사에서 퍼간다. 통장 텅 빈다. 그래, 당신이 사치해봤자 얼마나 했겠는가. 대부분 생활비로 카드 쓴다. 남는 현금이 없으면 신용카드 쓰지 않고는, 생활할 수 없는 악순환에 빠진다.

신용카드 써도 현금이 충분히 남는다면 괜찮다. 하지만 초보 공직자를 비롯한 보통 직장인은 그렇지 않다. 현금이 없을 때의 문제점. 불안하고, 불편하다. 일자리라도 잃게 되면, 바로 상환 불가 위험에 빠진다.

카드는 분명 과거의 내가 썼다. 근데 이달의 내가 카드값을 내고 나면 기분은? 일은 죽어라 하는데, 돈은 하나도 못 번 것 같은 불편한 기분이 된다. 이런 기분은 직장생활 업무태도에도 영향을 준다.

신용카드의 악순환은 끝이 없다. 하다못해 어버이날에도 현금은 필요하다. 부모님께 카드 긁을 수는 없으니까. 현금이 없으면 마이너스 통장을 만든다. 그다음은 신용대출이다.

내게 대출부터 리볼빙까지 권하는 분이 있었다. 대출받고 리볼빙 상태까지 가야 삶을 치열하게 살게 된다는 말이다. 자영업자분들께는 맞는 말일지도 모르겠다. 월급이 정해진 직장인에겐 적용하기 힘들다. 하지만 이 이론의 더 큰 문제는 따로 있다.

미래를 계획하기 어렵다. '돈이 하나도 없지만, 여름에 신용카드로 해외여행 가야지.' 이런 생각도 계획이라 할 수 있을지 모르겠다. 또, 카드 대금이 왜 이렇게 많은지 지난 지출을 늘 살펴보게 된다. 맞아 내가 이걸 썼었지...

즉, 항상 과거 속에 살게 된다. 추억이 아니라 쓰라린 상환의 고통에. 신용카드 사용은 신용카드로만 끝나지 않는다. 당신의 미래가 존재하지 않게 만든다.

초보 공무원, 직장인의 거지 탈출 첫걸음은 무조건 신용카드 끊기다.

신용카드 끊기, 왜 어려울까?
우리 뇌도 신용카드와 한패를 먹었다

아래는 널리 알려진 미국 스탠퍼드대 브라이언 넛슨 교수(심리학 및 신경과학)가 쓴 논문 일부를 DeepL을 사용하여 번역한 내용이다.

> "이 연구 결과는 현금이 아닌 신용카드로 구매할 때 소비자들이 과소비 및 과소 저축을 하는 경향이 증가하는 것과 같은 비정상적인 행동을 이해하는 데 시사하는 바가 있습니다. 특히, 후불 결제와 결합된 신용의 추상적 특성은 소비자들이 결제의 고통에 대해 '마취'될 수 있습니다.

즉, 구매를 카드로 할 때 뇌에서 느끼는 통증이 현금 결제보다 덜하다는 뜻이다. 인간은 합리적 존재가 아니고, 우리 뇌도 우리 편이 아니다.

신용카드 체리피커, 대기업을 이겨먹겠다고요?

신용카드 혜택만 쏙 뽑아 먹겠다고? 분야는 다르지만, SNS 중독성을 경고하는 책『8초 인류』(리사 이오띠, 2022, 미래의창)는 이렇게 말한다.

> "저커버그가 하버드에서 공부했고, 컴퓨터 공학을 전공했다는 것은 누구나 알고 있지만 그가 심리학도 전공했다는 사실을 아는 사람은 드뭅니다. 인스타그램의 케빈 시스트롬과 링크드인의 리드 호프먼 등 주요 소셜 네트워크의 창립자 중 다수는 심리학을 공부했습니다.
>
> 당신 머릿속에 무슨 일이 일어나는지 당신보다 더 잘 알고 있을 것입니다."

SNS 중독을 만들기 위해 수많은 심리전문가와 AI가 동원되고 있다는 건 널리 알려졌다. 그래도 우리는 중독을 끊지 못한다. 노비도 대감집 노비, 맛도 대기업 맛이라고 하지 않는가. 온갖 금융공학자가 동원되어 만들었을 카드 혜택에 대항하겠다는 건 순진한 생각이 아닐까?

SNS처럼 신용카드도 혜택을 통해 당신에게 카드 쓰는 습관을 중독시키려 한다.

대기업을 이길 수 있다는 당신, 과연 삶도 살릴 수 있을까?

다양하게 혜택을 누리는 방법 많다. 카드 잘 쓰는 분들도 있을 수 있다. 요즘은 혜택만 뽑아 쓰라고 알려주는 앱도 있다. 하지만 신용카드 쓰면 결국 한 푼이라도 더 쓰게 된다. 어떻게 알았냐고? 나도 알고 싶지 않았다.

좋다. 당신이 정말 뛰어난 체리피커다. 문제는 따로 있다. 그걸 신경 쓰느라 삶의 시간을 내어준다. 아무리 앱으로 혜택을 알려주는 시대라 한들, 거기에 신경을 써야 한다.

과연 내 인생의 시간을 내어줄 만큼 큰 혜택인지 생각해 보면 좋겠다. 바쁜 하루. 월급을 벌어보겠다고 힘들었다. 내 생각에 당신의 시간은 몇천 원, 몇만 원 카드 혜택 이상의 가치가 있다.

그 시간에 쉬자. 머리를 맑게 하거나, 책을 읽거나, 운동을 하는 게 어떨까? 장기적으로 분명 카드 혜택보다 훨씬 큰 혜택이 돌아올 것이다. 그 시간에 명상하면, 아파서 쓰는 병원비라도 줄지 않을까?

빚, 갚고 싶으신가요?
그럼 명절은 잊으세요

지난달 카드값은,
어쩌지?

신용카드. 쓰면 안 된다는 건 알았다. 그래, 자르자. 그런데 지난달 카드값은 어쩐다? 최악의 상황을 가정해 보자. 당신 통장에 월급이 들어왔다. 160만 원. 바로 카드값으로 전액 빠져나간다.

그럼 이달 생활은 어쩐다? 다시 신용카드를 쓰면 된다. 만약 이달에도 딱 160만 원만 소비하면 문제가 없다. 다음 달에 월급 160만 원을 받아서 갚으면 된다. 현실에선? 그럴 리 없다. 카드값은 무조건 늘어난다. 카드값이 늘지 않았다면, 월급에 육박하는 카드값을 청구받는 일도 없다.

이 상황에서 가장 위험한 건 뭘까. 바로, 카드값이 160만 원을 넘는 것. 이달에 신용카드로 170만 원을 쓴다면, 다음 달에 10만 원을 빚져야 한다.

마이너스 통장을 쓰거나, 리볼빙해야 한다. 리볼빙은 카드대금 일부를 다음 달에 갚는 제도다. 이름만 다르지 모두 대출이다. 리볼빙은 이자가 최대 19%다. 160만 원 중 100만 원을 다음 달에 갚겠다고 하면, 19만 원의 이자까지 더 내야 한다.

카드값도 빚이다. 신용으로 빌린 돈. 우리를 빚지게 하기 위한 금융 시스템은 치밀하고 꼼꼼하다. 갚아버리자. 빚지지 말자. 물론, 한순간에 모든 사람이 빚을 갚는다면, 자본주의가 멈출지도 모른다. 하지만 160만 원 버는 당신이 자본주의의 수호자가 될 필요는 없다.

카드값 털기, 현상 유지부터

그럼 카드값을 어떻게 털어야 할까.

1단계. 카드값 현상 유지

첫 단계는 현상 유지다. 카드값이 더는 늘지 않게 막는 거다. 카드 명세서를 열고, 불필요한 지출을 찾아야 한다. 카드 회사 홈페이지에서 엑셀로 내려받아서 살펴보면 된다.

야속하겠지만, 커피값부터 찾아보자. 또, 술을 포함한 불필요한 저녁 외식. 이런 몇 건만 줄여도 카드값을 현상 유지하거나, 조금 줄일 수 있다.

월급 160만 원~200만 원. 당신이 사치해야 얼마나 했을까. 필수적인 지출이 많을 것이다. 카드값이 늘어나지 않도록 하는 게 핵심이다. 근데 현상 유지만 하면 대체 카드값은 언제 갚을 수 있을까?

당신에게
이제 명절은 없다

2단계. 수당과 성과금은 잊어라.

1단계를 잘 유지했다면, 카드값 청산할 기회는 온다. 바로 1월, 9월이다. 민족의 명절, 설과 추석. 명절 수당이 나온다. 수당이 나오니 들뜨는가? 참았던 소비를 하고 싶은가? 민족이 모두 들뜬다고, 나까지 들뜰 필요 없다. 카드값 갚기는 물론,

앞으로 건전한 경제생활을 하기로 마음먹은 당신. 이제 이 수당들은 없는 돈이라 생각해라.

　1월 정근수당, 명절 수당
　3월 성과금
　7월 정근수당
　9월 명절 수당

　이런 수당이 없는 달에도, 우린 분명 월급으로 생활하고 있다. 수당을 보너스라 생각하지 말자. 카드 빚과 대출을 상환하는 데 모두 써야 한다. 부모님 용돈도 두둑하게 드리고, 여행도 보내드리고 싶다고? 성인이 되어 부모님께 손 안 벌리고, 빚 없이 사는 게 더 큰 효도다. 빚을 다 갚기 전까지 양해를 구하자.

　정근 수당은 근속에 대한 기여를 보상해 주는 것이라, 초보 공직자는 의미 없는 금액이 나온다. 성과금도 성과 평가에서 최하등급을 받으면 0원일 수 있다.

　공무원도 기관 상황과 호봉이 다양해 단정할 수 없지만, 신규 공직자가 1년에 평소 월급 이외의 금액으로 받는 금액은 200~400만 원 정도 될 것이다. 이 돈을 활용해 카드 빚을 청산해야 한다.

3월 연말정산 환급과 12월에 연가(휴가) 미사용 보상금도 있다. 다만, 연말정산 환급은 낸 세금을 돌려받는 것이다. 그래서 급여가 적으면 미미할 수 있고, 연가 보상비도 요즘은 휴가를 장려하려고 안 주는 경우가 많다.

빚이 없는 것이, 언제든 출발점

이 수당들은 연차가 쌓일수록 오른다. 7급 정도 되면 다 합쳐 천만 원 정도 되기도 한다. 그럼 돈이 풍족할 것 같지만, 그럴 리가 있나. 그땐 또 주택 관련 대출이 분명히 있다.

1년에 천만 원을 추가로 상환하게 되면 빚 갚는 속도가 빨라진다. 부부 공직자거나 맞벌이라면 이 금액은 최소 2배는 된다.

월급 생활자가 1년에 2천만 원을 상환하거나 저축할 수 있다면 꽤 큰 금액이다. 2천만 원이 혹시 별거 아닌 거 같은가?

모두 억 단위 돈을 쉽게 말한다. 모두 부자인 것 같다. 환상

이다. 통계청 발표와 관련해 언론에서 보도한 내용이다

> "취업 경험이 있는 청년 가운데 첫 일자리에 취업할 당시
> 임금이 200만 원 미만인 비율은 64.4%였다.'" -《이코노
> 미스트》, 2023. 7. 18.

또 요즘은 다들 10억씩은 있는 것 같다. 대한민국에서 10억 이상 금융자산을 가진 사람은 얼마나 될까? 케이비㈒금융지주 경영연구소의《2022 한국 부자 보고서》에 따르면, 금융자산 10억 원 이상을 보유한 개인은 지난해 42만 4천 명으로 국내 인구의 0.82%에 불과하다.

다들 몇십억 부자 된 줄 알았다. 그런데, 아니다. SNS에 돈 뿌리는 사람들에 상처받지 말자. 그런 사람 사실 몇 명 안 된다. 상대적 박탈감 가질 필요 없다. 내 삶에 집중하자.

공무원이 월급 받아서 부자가 될 수 있을까? 부자가 되든 못 되든, 일단 빚이 없어야 뭐든 시도라도 해 볼 수 있지 않을까?

일단 빚이 없으면 마음은 편해진다. 마음이 편해야, 일도 삶도 잘 풀린다.

부부 각자 관리?
통장도 결혼이 필요해

인간은 누구나
딱 그 정도

　신용카드 끊고, 대출까지 잘 갚는 당신. 수고했다. 이제 월급관리다. 월급관리는 결국 통장 관리. 기본은 통장 나누기. 통장마다 이름 붙이고, 돈 나누어 관리하는 일.

　통장 나누기. 어느 정도 상식이다. 그래도 짧게 짚고 넘어가자. 통장 하나에 돈 다 넣나, 여러 통장으로 나누나. 무슨 차이 있을까? 이율도 의미 없는 시대. 귀찮기만 한 건 아닐까? 당연히 차이 없다. 당신이 오차 없는 인공지능이라면.

　한 통장에 돈 다 넣고, 다양한 용도로 빼 쓰면? 결국 소비 증가한다. 왜 그럴까? 여기까지 잘 왔으니, 대출도 없고 신용카드도 없다고 해보자. 그런데 서너 달 지나니 돈이 조금씩 모인다. 그 돈이 통장 하나에 들어있다면? 자신의 월급 기준으로 볼 때 제법 여유 있어 보인다.

'이 정도 돈이 있으니, 뭐 한 번쯤 크게 기분 내도 되겠지.' 이렇게 된다. 인간은 누구나 딱 이 정도 존재. 어렵게 바꾼 소비 습관, 한순간에 무너질 수 있다.

저축은 꿈꾸지 말자, 생활비 유지만 해도 성공

그럼 어떻게 나눌까. 기본이 익숙해지면, 자기 상황에 맞게 변형하면 된다. 시작은 통장 세 개.

① 월급 통장 겸 생활비 통장 ② 비상금 통장 ③ 자동이체 통장(월세 납부, 대출 상환)

Step 1 ①번으로 월급 받는다. 월세처럼 꼭 이체해야 할 돈. ③번 통장에 넣는다.

Step 2. 한 달 생활비 예산 정한다. 그 금액만 ①번 통장에 남긴다. 나머지 돈은 ②번으로 옮긴다.

　이대로 유지하고, 신용카드만 안 써도 성공. 처음엔 이거 유지하기도 어렵다. 저축·투자는 생각지도 말자. 그럼 ②번 통장의 역할은? 안전장치다. 예상치 못한 지출로 ①번 생활비 통장을 다 썼다면? 그런데 비상금도 없다면? 또 카드빚과 대출이다. 지금까지 이어온 관리가 무너진다.

　②번 통장은 생활에 안정을 준다. 다음 단계인 저축으로 가는 핵심이다. ②번 통장에 석 달 치 급여 수준의 돈이 항상 유지 되도록 하자. 되도록 ②번 통장 돈은 인출하지 말자. 비상금이자 안전장치니까.

그래도
숨도 쉬어야지

　②번 통장에 두세 달 치 월급 모였다면? 이제 새로운 통장, 즉 '④ 소비 통장, ⑤ 저축 통장.'이다.

　아무리 알뜰히 살아도 하고 싶고, 사고 싶은 거 있다. 사람이니까. 해외여행 꼭 가야만 퇴사 안 하는 힘이 생길 수도 있다. 스마트폰을 1년마다 바꿔야 삶의 의욕이 생길지도 모른다. 남들은 이해 못 하는 자신만의 소비가 있을 수 있다.

정해진 규모로만 생활비 쓰고, 대출도 차분히 갚고, 비상금도 안정적이라면. 그때 소비통장 만들자. 난 신혼 땐 ④번을 여행통장으로 했다. 돈 모아 1년에 한두 번은 해외여행 갔다. 아내가 첫 아이를 임신하곤, 여행 가기가 어려워 ④번을 육아통장으로 바꿨다. 갑자기 늘어날 육아 비용 대비다.

딱히 필요한 게 없다면 ④번 없이 그냥 ⑤번 저축 통장만 만들어도 된다. 저축 통장은 주택청약이든 적금이든 상황에 맞게 만든다. 소액이라도 저축하면 좋다. 재정적으로 나아지고 있다는 느낌이 든다. 그런 기분이 건전한 경제생활로 이어가게 한다.

저축 통장보다 소비 통장을 먼저 말한 이유 있다. 독하게 돈을 모으면 좋다. 나도 물욕 없어, 저축 통장부터 만들라고 하고 싶다. 그런데 이런 관리도 숨통 틔어야 지속할 수 있다. 자신을 너무 몰아치지 말자. 주변에 사실 부자 별로 없다. 100세 시대다. 꾸준히, 천천히...

생활비부터
파악 그리고 체크카드

이런 통장 관리, 월급관리. 그냥 되는 건 아니다. 내 소비 규모 파악해야 한다. 첫 단계인 ①번 생활비 통장에 매월 얼마 남길지 정하려면, 한 달에 얼마 쓰는지부터 알아야 한다.

지난 3개월의 신용카드 체크카드 사용내역을 확인한다. 그걸 바탕으로 생활비 기준금액을 정한다. ①번 생활비 통장에 그 금액만 남기고, 체크카드를 연결해 쓴다.

이제 자동으로 가계부 써주는 앱을 설치하자. 앞으로 3개월만 가계부 기록한다. 그 정도면 평균적인 내 소비 규모와 항목 파악할 수 있다. 결혼, 출산, 이사 같은 큰 이벤트가 없으면, 지출은 크게 변하지 않는다. 파악된 규모에 맞춰 생활비를 설정하고, 몇 년간은 생활비 예산을 올리지 마라.

3개월만 하라는 이유 있다. 하다가 지친다. 왜 그럴까? 분명 삶이 조금씩 나아지기는 한다. 그래도 들어오는 돈도 별로 없고, 돈이 크게 늘지도 않는다. 일도 바쁜데 별 변화도 없는 지출 기록을 계속하는 건 사람을 지치게 한다.

이 모든 과정의 핵심은 지속성이다.

예측하면,
현실

"이번 달에 갑자기 어버이날이랑 어린이날 지출이 생겨서 생활비가 부족하네." 그럴 리가! 내 예상인데, 아마 내년 5월에도 어버이날과 어린이날이 올 것 같다.

생활비를 파악했듯, 예측 못 할 지출도, 최대한 예측해야 한다. 그래야 생활비 부족으로 신용카드를 쓰는 악순환을 막을 수 있다.

대표적 비정기 지출은 이렇다.
- 자동차 보험, 자동차 세금, 자동차 수리비, 재산세, 명절, 어버이날, 어린이날, 부모님 생신, 자녀 생일, 병원비, 휴가비용, 가전제품 수리비

사람에 따라 이런 항목도, 통장 만든다. 다만, 통장 많으면 관리하다 지칠 수 있다. 권하지 않는다. 월별로 어떤 비정기 지출 있는지, 그 금액은 얼만지 표로 정리만 해도 충분하다.

비정기 지출을 예상해, 비상금 통장에 돈을 모아 두자. 예

측하면 더는 비정기 지출이 아니다. 비정기 지출까지 파악하면? 돈 쓸 마음이 싹 사라진다.

사람만 결혼?
통장도 결혼!

지금까지 이야기한 관리법은 싱글이든 부부든 적용할 수 있다. 추가로 부부가 되면 명심할 게 있다. 지금까진 통장을 나눴지만, 결혼하면 통장도 결혼해야 한다.

Step 1. 부부 중 꼼꼼한 사람이 이 관리 과정의 실무자가 된다.

Step 2. 생활비에서 지출할 항목과 월 생활비, 각자 용돈 금액을 정한다.

Step 3. 월급날 및 모든 수입이 들어오는 즉시, 실무자 통장에 넣는다.

Step 4. 실무자가 생활비, 비상금, 대출, 저축, 용돈 등 각종 통장에 돈을 이체한다.

Step 5. 생활비 통장에 체크카드 두 개를 만든다. 각자 하나씩 갖고 쓴다.

Step 6. 이 내용을 매월 기록한다.(대출 상환 현황, 저축 상황, 비상금 지출 내역 등)

Step 7. 기록한 내용을 상대방에게 공유한다.

주변에서 통장을 합쳐, 관리하는 부부를 보지 못했다. 내 돈으로 생활비, 상대방 돈으로 대출 상환. 대부분 이렇게 운영한다. 관리만 잘되면 괜찮다. 다만, 합칠 때 돈도 빨리 모인다.

상대방이 뭔가 돈을 더 쓰는 거 같은 합리적 의심. 상대방이 나 몰래 기특하게 돈을 모아놨을 것 같은 희망찬 기대. 결국, 갈등만 생긴다. 그럼 더 철저하게, 자기가 번 돈 자기가 쓴다. 그렇게 하면 돈 모으기 쉽지 않다.

또 성과금 같은 비정기 수입 생겼을 때, 각자 소비하게 될 가능성이 크다. 공통으로 공유하는 재정 목표가 없기 때문이다. 또 '내 돈으로 만날 생활비 대는데.' '내 월급으로 늘 대출만 갚는데.'라며 개인적 보상 심리도 작동한다.

대출이 줄어드는 기쁨. 돈이 조금씩이라도 불어나는 뿌듯함. 서로 잘 아끼고 있다는 기특함. 함께 나눈 이런 긍정적 감정이 이 여정을 지속하게 하는 기초체력이다.

재테크 참고 도서

월급, 카드, 대출. 기본적인 관리가 잘 됐다면, 좀 더 전문적인 책을 읽어보자. 도움이 될 만한 책을 소개한다. 책을 많이 읽기 어렵다면 '1. 자본주의 기초 이해'만 읽자. 읽기 쉬우면서도, 꼭 필요한 내용이다.

'4. 배경지식'에 소개된 책은 읽지 않아도 된다. 다만, 경제적 부분에서 인간의 비합리성. 그리고 전체적인 자본주의의 역사를 훑어보고 싶다면, 좋은 선택이 될 책들이다.

1. 자본주의 기초 이해
· EBS 다큐프라임 자본주의(정지은, 고희정, 2013, 가나출판사)
· 부의 주인은 누구인가(비키 로빈, 조 도밍후에즈, 2019, 도솔플러스)
· 존리의 부자되기 습관(존리, 2020, 지식노마드)

2. 자본주의를 살아가는 태도
· 돈의 속성(김승호, 2020, 스노우폭스북스)
· 세이노의 가르침(세이노, 2023, 데이원)

3. 주식, 연금
· 위대한 기업에 투자하라(필립 피셔, 2023, 굿모닝북스)
· 모든 주식을 소유하라(존 보글, 2019, 비즈니스맵)

· 마법의 연금 굴리기(김성일, 2023, 에이지21)

4. 배경지식
· 이기적 유전자(리처드 도킨스, 2019, 을유문화사)
· 생각에 관한 생각(대니얼 카너먼, 2018, 김영사)
· 변화하는 세계질서(레이 달리오, 2022, 한빛비즈)

사는 게 재미없으면
술을 바꿔

"나이 먹어서 그래" 친구들에게 30대부터 들었던 말. "사는 게 재미없다" 친구들에게 언제부터 들었는지 기억도 나지 않는 말.

대학생 때 처음 술을 마셨다. 그렇게 소주를 마시고, 맥주를 마시고, 소주에 박카스를 타서 마셨다. 대학 초년생 때 맥주 맛을 알았고 졸업할 즈음엔 소주 맛도 알았고 직장인이 됐다. 더 많은 술을 마셨다. 소주를 마시고, 맥주를 마시고, 소주와 맥주를 섞어 마셨다. 직장생활의 술은 단연 소주. 삼겹살과 소주. 회와 소주. 감자탕과 소주. 중국 음식과 소주.

그렇게 공무원 생활도 지쳐갈 즈음. 물론 술에 지친 것은 아니다. 육아휴직을 했다. 아이가 어려 매번 배달 음식을 먹을 수 없어 못 하던 요리도 했다. 요리하며 마트도 자주 들렀다.

마트 주류 판매대에 엄청나게 다양한 술이 있었다. 대형마트 중에 규모가 작은 편인 우리 동네 마트에도 이 정도의 술이 있구나. 세상엔 얼마나 많은 술이 있을까.

파스타나 스테이크를 요리할 때면 와인을 한 번씩 사봤다. 와인 종류가 너무 많아 고르기 어려웠다. 추천받은 저렴한 와인들 위주로 조금씩 마셨다. 계란후라이도 못 하던 사람이 요리해서 와인을 곁들여 식사하니 그 재미가 쏠쏠했다. 그렇게 와인과 친해졌다.

친해졌지만 와인은 역시 알기 어려운 녀석이다. 책도 몇 권 읽어봤지만, 늘 뭔가 복잡한 느낌이다. 값싼 와인만 그것도 거의 한정된 종류를 설렁설렁 마셔서 그런지 모르겠다. 그래도 맛있는 음식을 먹을 때 그 순간의 공간과 공기를 풍성하게 해주는 느낌에 와인이 종종 생각날 때가 있다. 그것만으로 괜찮다.

위스키를 즐기게 된 건 영화 『소공녀』(전고은, 2018)때문이다.

주인공은 '미소'라는 젊은 여성. 위스키, 담배, 남자친구. 미소의 삶에 필요한 건 이 세 가지뿐. 미소는 물건도 없는 방에서 산다. 한겨울이 그대로 내려앉은 방. 추위가 질투해 남자친구와 옷 벗고 섹스도 할 수 없는 방. 그런 방의 월세가 오른다. 담뱃값은 두 배도 넘게 오른다. 한 잔 위스키 가격마저 오른다.

회사 기숙사에서 사는 남자친구는 중동에 가겠다 한다. 2년 뒤 같이 살자고, 돈을 벌어오겠다고. 생명 수당이 있다고. 그렇게 '미소'는 집도, 남자친구도 빼앗긴다. 누구에게 빼앗긴 건진 모르겠다. 영화를 다 보고 나서 그녀 곁에 부디 위스키와 담배만은 머무르기를 바랐다.

한동안 내 마음을 붙잡고 뒤흔든 이 영화. 그래서 위스키를 마시고 싶어졌다. '미소'가 마신 위스키가 궁금했다. 위스키를 한 잔씩 마실 수 있는 공간이 있다는 것도 영화를 보고 처음 알았다. 그것은 위스키 바라고 했고, 인터넷에 찾아보니 술은 『글렌피딕 15년』이라고 했다.

동네 마트에서 인터넷에서 본 15년보다 비싼 가격에 12년을 팔고 있었다. 비합리적이지만 12년 밖에 없길래 영화의 여운을 느끼고자 바로 사 왔다. 그렇게 한 잔씩 마시다 보니 위스키가 마음에 들었다.

위스키는 모든 면에서 강력하고 단순하고 깔끔했다. 술의 종류도, 맛도, 잔도. 다만 시간이 지나고 보니 글렌피딕 12년은 내 입맛에 가장 안 맞는 위스키였다. 그래서 미소가 '15년'을 마셨나 보다. 역시 자본주의는 비싼….

집에서 혼자 마시면 딱 두잔 정도가 좋다. 매일 마시는 것이 아니니 꽤 오랜 기간 마실 수 있다. 위스키는 처음의 맛과 병을 따고 시간이 흐른 뒤의 맛을 비교해 보는 것도 재밌다. 언뜻 비싼 것 같지만 이런 이유로 오히려 경제적이다.

위스키는 혼자서 아주 천천히 마셔야만 그 맛을 알 수 있는 술이다. 소주처럼 마시면 그저 아깝기만 하다. 높은 도수의 씁쓸함에 감춰진 달콤한 향과 맛의 매력을 느끼려면 혼자 천천히 그리고 위스키에 아무것도 타지 않고 마시는 게 제일 좋다.
나는 이렇게 마흔두 살에 내가 소주를 좋아하지 않는다는 사실을 알았다. 물론 아직도 사람들을 만나면 소주를 잘 마신다. 하지만 이제 내가 소주를 싫어한다는 사실은 명확해졌다.

소주를 네 병씩 마시면서 이런 이야기를 하면 친구들이 정신 나간 놈으로 보지만 어쩔 수 없다. 나는 위스키를 글랜캐런잔으로 두 잔, 혼자 마시는 게 제일 좋다.

공무원들은 소주를 마시면서 '사는 게 재미없어'라고 말한다. 그런 때면 난 이렇게 말한다.

"마트에 가보면 술이 얼마나 많은지 알아? 수백 종류의 술이 있어. 사는 게 재미없으면 술이라도 한 번 바꿔봐."

마흔의 아저씨
한 명쯤 괜찮지 않아요?

"마흔의 아저씨 한 명쯤 있는 것도 괜찮지 않을까요?"

작가와 함께하는 인문학식탁 참가신청서를 냈다. 작가와 저녁을 먹으며 대화하는 프로그램. 신청자 중 10명을 선정한 다고 했다. 작가는 2018년 올해의 독립출판 1위에 선정된 『일간 이슬아 수필집』의 이슬아 님이다.

책을 많이 읽으면서도, 작가를 만나보고 싶다는 생각은 하지 않았다. 어느 책이든, 책을 읽으면 작가와 대화하는 기분이니까. 행사에 가지 않을 이유는 이것 말고도 많다. 평일 저녁이고, 서울에서 하고, 신청서까지 써야 하고, 책으로 이미 충분히 좋았는데 굳이 작가까지 만날 필요도 없고….

이십 대 시절과 달라졌다. 그땐 조금만 관심 가는 일이 있으면, 에너지가 쉬이 그쪽으로 모아졌다. 디지털카메라가 막 세상에 알려지던 시절. 한참 알바해서, 본체만 이백만 원이 넘는 전문가용 카메라를 구입했다. 어딜 가든 매일 무거운 카메라를 메고 다녔다. 같은 취미를 가진 사람들을 만나 대화를 하고 사진을 찍으러 다녔다. 온라인에 사진을 올리고, 사람들과 함께 문화원에서 사진을 전시했다. 사진만 아니라 그땐 뭐 하나에도 쉽고 깊게 빠져들었다.

취업, 연애, 결혼, 육아, 친구, 술. 소란했던 이삼십 대를 지나왔다. 마흔이 되어보니 무엇에도 열정이 잘 일어나지 않는다. 점점 삶이 조용해진다. 그래서 때때로 사람들은 공무원 생활에 더 푹 빠지기도 한다. 특별한 일이 없어도 일찍 출근하고, 늘 사무실에서 저녁을 먹고, 취미 모임마저 공무원끼리만 어울리는 삶. 그 삶도 자신만의 해결 방법이리라.

하지만 공무원은 은퇴하고 나면, 특히 남자들은 사무실 인간관계가 한 번에 끊어진다고들 한다. 실제 은퇴한 분들을 봐도 많이 그랬다. 미래에 그렇게 될 관계라면, 지금 즐겁기라도 해야 한다. 하지만 특별한 대화거리도, 함께 보내는 시간의 충만함도 없는 게 대부분이다. 그런 소주만 태우는 시간을 더 이어가고 싶지 않았다. 그래서 직장 내 모임 등 대부분의 관계를 정리했다.

그렇게 마련한 시간을 잘 쓰고 싶었다. 하지만 무엇에도 관심의 에너지가 확 쏠리지 않는다. 이대로는 삶이 그대로 머무르기만 할 뿐이다. 마흔은 불혹이라지만 미혹이 더 필요하다.

아주 작은 흥미만 생겨도 무조건 해보자는 새로운 기준을 세웠다. 그래서 그해 읽은 70여 권의 책 중 가장 좋았던 책. 그 책의 작가를 만나러 갈 결심을 할 수 있었다.

문제는 이슬아 님이 엄청 뜨거운 인기 작가라는 거다. 최근엔 40만 명이 투표한 '한국 문학의 미래가 될 젊은 작가' 1위에 선정될 정도다. 신청하고도 안 될까 봐 걱정됐다. 그래서 신청서 마지막에 '전부 젊은 여성분들일 텐데, 마흔의 아저씨 한 명쯤 괜찮지 않겠냐.'며 굽신거렸다. 전략적 굽실거림으로, 예상대로 참가자로 선정됐다. 사십 대가 되는 것이 그리 나쁜 것만은 아니다.

10명의 참가자는 예상대로 나 빼고 모두 여성분이었다. 식탁은 꿈을 찾는 퇴사, 비건, 결혼, 페미니즘, 동성애를 포함한 연애, 독립출판과 글쓰기 등 다양한 요즘 이야기들로 채워졌다.

평범한 공무원의 생활 반경에서 접할 수 없는 이야기들. 이런 다양한 이야기를 살아있는 목소리로 듣고 말하는 시간이었다. 그것으로 충분했다. 나보다 더 젊은 세대의 새롭고 다양한 목소리로 세상은 조금씩 변해가고 있구나. 그렇게 느꼈다.

이 저녁 7시 행사에 참석하기 위해 오후 연가를 냈다. 그래서 서울 가는 김에《매그넘 인 파리》사진전을 먼저 보려고 동선을 짰다. 하지만 평소 두 시간이면 서울에 도착하던 고속버스는 도로 공사 때문에 계속 도착시간이 밀리고 있었다.

사진전을 가야 할지 말아야 할지 버스에서 계속 고민했다. 무엇이든 해보자고 마음먹은 계획을 떠올렸다. 두 시간은 봐야 한다는 전시를 삼십 분 밖에 못 보더라도 일단 가보자, 생각하고 최대한 빠른 걸음으로 미술관으로 향했다.

사진에 담긴 결정적 순간, 색, 구도에 매료됐다. 지나가던

옆 사람이 놀랄 만큼 종종 크게 '헉' 소리를 내며 사진을 감상했다. 이십 대 때 사진에 열정을 품었기에, 지금 나 나름대로 사진을 바라보는 눈이 생겼겠지.

그런 이십 대가 없었다면 지금 이렇게 사진을 보고 감동하지 못했겠지. 확 끌리지 않아도 해보자는 마흔의 결심을 하지 않았다면, 이 사진전을 그냥 지나쳐 카페에 앉아서 시간을 때우고 있었겠지.

뒤돌아볼 것도, 두려워할 것도 없이. 이십 대엔 이십 대의 삶이, 사십 대엔 사십 대의 삶이 있다.

마흔에 처음
커피를 내리다

믹스커피. 자판기 커피. 커피는 그게 다인 줄 알았지. 동네에도 커피숍이 줄줄이 생기기 시작했다. 다방 아닌 커피숍. 80년생인 나는 다방도 안 가봤고, 커피숍은 생소했다.

처음 사람들과 들른 커피숍. 아는 게 없으니 고를 수 없었다. 누군가 카페모카를 마시라고 했다. 음 달콤한 게 맛있군. 커피숍 갈 일이 있으면 카페모카와 카페라테만 마셨다.

아메리카노는 마시지 못했다. 고구마 탄 껍질을 우려낸 듯한 맛에 충격받았다. 아메리카노는 원래 그런 줄 알았다. 커피

대중화 초기 시절 아메리카노 품질이 좋지 못한 가게들이 많았던 거였다. 몇 년 뒤, 아메리카노를 좋아하게 됐다. 다이어트 때문이다. 커피는 마시고 싶고, 살도 빼야 해서 아메리카노를 마셨고 좋아졌다.

아메리카노에 한 참 빠졌는데, 커피가 어떻게 만들어지는지는 몰랐다. 자판기 커피부터 시작한 커피 생활은 20년이 넘었는데, 아는 게 너무 없는 거 아닌가 싶었다. 커피를 좀 알아봤으면 좋겠다. 마흔이 된 2019년 1월.『블루보틀에 다녀왔습니다』(양도영, 2018, 스리체어스)를 새해 첫 책으로 골랐다.

블루보틀. 한국에 없는 커피 전문점. 그런데 SNS에 자주 보인다. 커피계의 애플이라고 한다. 로고 디자인이 멋지다. 그러니 또 궁금하다. 책에서 스타벅스와 블루보틀의 차이를 설명하는 부분이 좋다. 어렴풋이 알고 있는 걸 콕 집어주는 느낌. 스타벅스는 장소를 파는 커피숍이고, 블루보틀은 커피 자체를 즐기기 위한 곳이라고 했다.

커피를 본격적으로 알아가기 위해 우선 드립백부터 샀다. 디자인이 맘에 드는 '프릳츠'. 음 커피를 내린다는 건 이런 거구나. 벨기에의 철학자이자 신부인 쟈끄 러끌레르끄의 1936년 작 『게으름의 찬양』(1986, 분도출판사)에 이런 말이 나온다.

> "게으름의 찬양을 노래하여 마땅할 시절은 우리 시대가 처음인 줄 압니다. 왜냐하면 우리 시대는 치열한 생활을 자랑하고 있는데, 치열한 생활이란 실상 소동의 생활에 지나지 않기 때문입니다.
> 우리 시대의 상징 또한 경쟁이고 보면, 뛰어났다고 과시하는 온갖 발명 역시 슬기의 발명이라기보다는 모두 속도의 발명이기 때문입니다.
> 그리고 우리 삶이 제대로 인간적이려면 거기에는 느림이 있어야 하기 때문입니다. 고독·정적·한가로움이 있고서야 탄생도 있는 법입니다. 때로는 섬광 짓듯 생각이나 걸작이 피어나는 것도, 이미 오래고 한가로운 잉태기가 그에 앞서 있었기 때문입니다."

그렇다. 나는 카누 같은 인스턴트커피에 길들었다. 드립백을 내리며 몇 분 안 되는 시간이 PC통신으로 MP3 받으려고 밤새 전화선 연결했을 때 같은 영원으로 느껴졌다(MP3 다운로드가 불법이 아니던 시절, 아 옛날이네…).

그 뒤로 다양한 원두의 드립백을 마시며, 커피에 점점 반하게 됐다. 20년간 커피를 마셨지만, 커피를 좋아한 게 아니었다. 반하고 보니 그동안 좋아한 게 아니었다는 걸 알게 됐다. 그냥 들이킨 거였다.

블루보틀 원두와 드리퍼를 구매대행으로 구매했다. 집에서 여러 원두를 마셔보며, 점점 내 취향에 맞는 원두도 찾아갔다. 그해 미국과 일본에만 있던 블루보틀이 한국에도 생겼다. 인사동에서 직장 교육이 있어, 마침 근처에 있던 블루보틀을 찾았다. 정말 딱히 앉을 자리가 없다. 한여름. 오픈 여파로 긴 줄을 서서 오래 기다렸음에도 뜨거운 커피를 주문했다. 내가 내려 마시던 방식이 잘못되진 않았나 싶어, 바리스타가 내려주는 맛과 비교해 보고 싶었다. 다행히 그 맛이 그 맛이었다.

커피 한잔을 내려 마시는 건, 마치 명상 같다. 원두 향을 맡고, 원두를 갈고, 원두 가루를 드리퍼에 부을 때 달큰한 향이 올라온다. 그 순간이 가장 좋다. 물을 끓이고 붓는다. 기다린다. 내려진 커피를 머들러로 한번 젓는다. 향을 맡고, 첫 모금으로 입 전체를 적시고, 커피를 천천히 마신다. 드리퍼를 깨끗하게 씻는다. 모든 과정이 모여 한잔의 커피가 된다. 꼭 필요한 하나의 흐름처럼 느껴진다.

사무실에서 엄청나게 다양한 커피를 출근 커피, 회의 커피, 식후 커피, 간식 커피라는 이름으로 맛도 모른 채 투여해 왔다. 20년 동안 알던 커피를 20년 만에 제대로 좋아하게 됐다. 나의 하루를 가득 채우고 있는 것들에 참 무심했다.

공무원이라는 단조로운 삶. 그걸 극복하고 해결하는 것도 결국 자신의 몫이다. 그리고 그 열쇠는 내 삶을 둘러싸고 있는 것들을 자세히 그리고 깊게 바라보는 것이다.

여보, 나 제주 가서
혼자 좀 지낼게

마흔셋. 첫날. 2022년 1월 1일. 별다른 것 없는 토요일 아침. 게으르게 일어나 리클라이너에 누워 책을 펼쳤다. 올해의 첫 책은 『여보, 나 제주에서 한 달만 살다 올게』(편성중, 윤혜자, 2021, 행성B). 며칠 전 직장에서 실시하는 1년짜리 장기 교육을 신청해 놓았다.

1년 동안 정책연구 및 논문 제출, 발표·진행 연습 등 팀장에게 요구되는 능력을 향상하는 교육이다. 이 교육은 신청자가 많아 경쟁률이 꽤 높다. 팀장으로 중간관리자가 갖추어야 할 역량이 매우 중요하기 때문은 무슨… 다들 출근하기 싫어서지.

아무튼 2021년에 교육받은 선배들은 코로나19 때문에 교육원으로 출근하지 않고 온라인으로 교육을 받았다. 이 중요한 정보를 알게 된 순간! 사이버 교육은 어디서나 받을 수 있으니 제주에서 한 달 살기도 가능하겠다 싶었다.

그래서 『여보, 나 제주에서 한 달만 살다 올게』를 사서 거실 우드 슬랩에 놓아두고 읽고 있었다. 4학년 첫째가 TV 방으로 들어가 외쳤다. "엄마, 아빠가 책을 보고 있는데, 제목이 여보, 나 제주에서 한 달만 살다 올게야, 으하하하."

다행히! 교육에 선발됐다. 한 달 머물 숙소를 골랐다. 차를 싣고 갈 배편도 예약했다. 제주도 간다는 이야기를 들은 동료들은 전생에 내가 나라를 구한 횟수에 관한 토론을 벌였다. 대략 두 번 정도 구한 거 같다는 결론이었다. 그래도 2월보단 3월에 가는 게 날도 따뜻하고 좋지 않겠느냐고 했다.

나는 그럴 수 없었다. 코로나가 약해지는 추세여서 언제 교육원으로 출근할지 모르니, 날씨고 뭐고 당장 가겠다고 했다. 외국과 제주에서 한 달 살기, 일 년 살기가 유행한 지도 오래다. 그런 유행을 보며 난 은퇴하고서나 할 수 있겠지 했다. 지금이 아니면 은퇴할 때까지 기회가 없을지도 모른다는 생각이 들었다. 아내도 그런 사정을 알기에 결국 흔쾌히 다녀오라고 응원해 줬다.

처음 입사했을 때 자취했던 경험을 빼면 혼자 사는 경험은 처음이다. 그땐 출근하고 저녁엔 비슷한 처지 동료들과 매일 저녁 식사를 같이했으니 진정으로 혼자도 아니었다. 사실상 혼자 있는 경험은 태어나 처음이다.

코로나 안 걸린 게 이상할 정도로 수많은 사람을 만나는 수행비서 생활도 했다. 사람들하고 복작복작 회식하면 말 좀 그만하라는 말도 들을 정도였다. 그러다 제주 와서 혼자 가만히 앉아 따뜻한 볕을 바라보고 있을 때, 문득 '온전히 혼자구나' 하며 마음이 평안해진다. 그래서 내가 사람들 사이에 있을 때 사실 힘든 시간이었겠구나 한다. 나는 그런 사람이었구나 하고, 나를 다시 알아차린다.

제주에서 하루 내 나가지 않는 날도 있다. 책 읽고 음악 듣고 밥해 먹고. 너무 집에만 있는 것 같으면 산책을 한 시간 반 정도 한다. 물론 산책길에 만나는 제주의 정경은 예사롭지 않지만, 육지에 있을 때와 다르지 않은 생활이다. 그래. 꼭 제주일 필요는 없구나. 행복은 어디에나 있구나 싶다.

그렇게 깨달으며 제주에서 좋은 날을 보냈지만, 막상 제주로 떠나기 며칠 전엔 가야 하나 싶은 귀찮은 마음이 들었다. 차를 끌고 완도로 출발하는 당일 저녁에도, 아이들은 어쩌고 내가 이러나 싶었다. 그런 내 모습에 내가 당황했다. 이십 대 때 카메라만 들면 비눗방울처럼 둥둥 뜨던 내가 아니었다.

우리는 쉬고 싶다, 승진하고 싶다, 무엇이 되고 싶다, 뭘 하고 싶다 수많은 희망을 말한다. 하지만 실제론 한 걸음도 내딛지 않는 때가 더 많다. 하다못해 제주에 혼자 있으라면 못 견딜 사람도 많다. 제주에서 지내며 "제주 가니 좋아?"라는 말을 수시로 들었다. 제주 와 있는 나를 너무 부러워하면, 난 웃으며 물었다. "여기 혼자 와있으라면, 있을 수 있겠어?" 대부분 "난 못 있지."라고 한다.

좀 더 어렸을 때처럼 박차고 일어나는 힘보다 관성이 더 강해졌다. 공무원이라서 그런 걸까? 아니다. 그저 귀찮은 마음이 조금 생겼을 뿐이다. 일어나자.

4장

공무원으로 살아갈 길

휴직 그리고 직장이 있다는 소중함

나도 선배가 되는구나

진짜 어른이 되어야지

와이프가 휴직해야지

2012년, 첫 번째 육아휴직을 했다. 직장에서는 인력관리를 위해 정기적으로 휴직 예정자 조사를 했다. 조만간 육아휴직을 하겠다고 서류로 알렸다. 남성 육아휴직 제도가 2001년에 도입되었다곤 하지만, 사용하는 사람을 찾아보긴 어려웠다. 그래서 다들 놀랄 줄 알았는데, 아무도 신경 쓰지 않았다.

남자가 육아휴직을 하겠다고 하니, 조직에서는 업무 불만을 표시한 것으로 생각했다. '그냥 저러다 말겠지'라고 생각한 모양이다. 실제로 업무에도 지쳤었다. 한참 뒤 오진으로 밝혀

졌지만, 당시 갓 돌 지난 아이가 대학병원에 치료받으러 다녔다. 혼자 아이를 돌보던 아내도 지친 상황이었다. 시간이 흘러 절차대로 휴직 신청서를 냈다. 소란스러워졌다.

"다른 부서로 보내 줄 테니까, 휴직하지 마."
"너 인마, 남자가 휴직하면 계속 한직으로만 돌아! 휴직 취소해."
"직장생활 그렇게 하면 안 돼."

이전에 휴직한 남성 직원이 있을지도 모르겠지만, 분위기로는 거의 첫 남성 육아휴직 사례로 여겨졌다. 첫 빠따의 길은 역시 쉽지 않았다. 육아휴직은 신청하면 적합 여부 판단 없이 바로 수리하게 돼 있다. 하지만 그마저도 처리가 되지 않았다. 처리가 지연되면서 출근하면 이 사람 저 사람에게 복도로 불려 나가 저런 이야기를 들었다.

남자가 휴직하면 제때 승진하거나, 요직으로 배치되건 불가능한 일로 받아들여졌다. 나도 그런 부분을 아예 포기할 각오로 휴직을 신청했다. 상위기관에 육아휴직에 관한 질의까지 올린 끝에 결국 휴직이 처리됐다.

공식적으로 휴직이 문서로 알려졌다. 복도에서 마주친 다른 부서 여자 팀장님이 나를 보자

"휴직해?"라며 말을 걸어오셨다.

"네, 육아휴직이요."

"와이프가 해야지."

"네 아내가 1년 했는데, 아이도 좀 아프고 그래서 어린이집 좀 늦게 보내고 싶어서. 제가 이어서 하려고요."

"그래도 여자가 해야지, 남자가 휴직하면 안 돼."

이런 말들을 계속 들으며 2012년 휴직이 시작됐다. 양가 부모님도 남자가 일하지 않는 다는 걸 걱정스럽게 생각하셨다. 하지만 점점 아이가 아빠와 지내는 모습에 익숙해지셨다.

복직할 때는 아이랑 좀 더 시간을 보내면 좋겠다는 말씀까지 하셨다. 그렇지만 아파트 대출금 원금 상환이 도래했다. 결국 휴직 1년을 다 채우지 못하고 8개월 만에 복직했다.

복직해서 친근한 고등학교 선배님이자 타부서 팀장님을 마주쳤다.

"복직했어?"

"네."

"야, 인마. 너 다신 그렇게 하지 마. 진짜. 정말 다신 휴직
하면 안돼."

정말 걱정스러운 말투로 몇 번이나 다시는 휴직하지 말라
고 당부하셨다.

4년의 세월이 흘렀다. 내년이면 아이가 초등학교 입학할
나이가 된다. 마음이 여린 첫째가 초등학생이 될 때는 휴직이
필요하다고 생각했다. 둘째는 첫째와 정반대다. 어디 가도 활
발하고 금방 적응한다. 그래서 나중에 변할지도 모르지만, 둘
째 때는 휴직이 필요 없겠다고 결론을 내렸다. 첫째 1학년 때
아내가 휴직하기로 했다.

둘째 출산과 육아로 휴직했던 아내는 막상 출근하고 보니,
8개월 후 다시 휴직하는 게 부담이 된다고 했다. 직장생활을
하며 계속 일을 놓기도 어렵다. 아내는 내게 휴직할 수 있겠냐
고 물었다. 아내는 내가 지금 좋은 부서에서 한창 일하고 있는
데, 괜히 또 휴직해서 안 좋은 영향이 있는 건 아닌지 걱정했

다. 하지만 이미 한 번 휴직을 경험해 본 나는 별다른 고민 없이 휴직하기로 했다.

직장에서 괜한 오해를 사지 않기 위해 이번에는 5개월 전부터 내년 아이 입학식에 맞춰 휴직한다고 지속해서 알렸다. 남자 직원들의 육아휴직도 점차 늘어났다. 휴직을 고민하며 나를 찾아오는 남자 직원들도 꽤 많았다. 2012년과 달리 2018년 육아휴직은 별다른 제지 없이 어느 정도 당연한 일로 받아들여졌다. 5개월 전부터 알린 것 때문이기도 했다. 2012년에 비하면 직장에서 남자의 육아휴직을 받아들이는 분위기는 꽤 많이 변했다.

휴직을 고민하며 찾아오는 동료 직원들에겐 꼭 휴직하라고 권했다. 우리나라도 몇몇 나라들처럼 남자의 육아휴직을 강제해야 한다고 내 생각을 말했다. 그러면서 휴직하게 되면, 술 마시러 다니며 시간 보내지 말 것을 조언했다. 집에서 식사 준비를 하고, 청소와 빨래 같은 살림을 하고, 아이를 돌보면서 집에서 충실히 지내보라고 이야기했다.

그래야 왜 엄마가 밥도 다 안 차려놓고, 매번 빨리 밥 먹으러 오라고 하는지. 밥을 깨작대면 왜 서운한지. 왜 양말은 구겨놓지 말고, 옷은 거꾸로 벗어놓지 말라고 하는지. 왜 집에만 있으면서도 마음이 힘든지. 그제야 알게 되기 때문이다.

많은 사람들이 이런 것들을 글과 머리가 아닌 몸과 마음으로 알게 되면, 지금 우리 사회 갈등도 조금씩 풀려나가지 않을까.

유모차와 체크카드

첫째가 두 살 세 살이던, 첫 번째 휴직 때는 아이를 집에서 봤다. 어린이집엔 조금이라도 늦게 보내고 싶었다. 그래서 밖에 나갈 일이 있으면 아이를 유모차에 태우고, 최대한 여러 일을 한 번에 처리해야 했다.

집 앞 하나로 마트에서 장을 보고, 옆에 있는 농협에 갔다. VISA가 되는 체크카드가 새로 나왔다고 해서다. 어떤 카드든 해외에서 잘 된다고 하지만, 막상 외국에 가보면 VISA가 아니면 불편한 경우가 많았다. 나는 신용카드를 아예 사용하지 않기에, 체크카드면서 VISA인 보기 드문 이 카드가 출시되자마자 얼른 발급받으러 갔다.

체크카드를 신청하러 왔다고 말하자, 은행직원은 신용불량자가 신용카드 발급해달라는 걸 본 듯한 표정을 지었다. 정확하게 '넌 안 될 것 같은데'라는 표정으로, 아무 말 없이 고개를 가로저었다.

체크카드 신청하겠다는 말밖에 안했는데, 사람을 앞에 두고 고개를 가로젓다니. 무시당하는 느낌이 들어, 완전히 당황했다. 하지만 난 카드를 만들고 싶고, 신분증 한 장이면 여기선 나의 많은 정보를 알게 된다. 소란을 일으키는 사람이 되기 싫어, 그냥 아무렇지 않은 척 참았다. 게다가 유모차에 아기도 있으니까.

속으로, '내가 신용카드를 만들러 온 것도 아닌데'라고 생각했다. 아니다. 남자가 대낮에 유모차를 끌고 와서 신용카드를 만들어 달라고 해도, 사람이 사람을 그런 식으로 대하면 안되는 거 아닌가.

은행직원이 신분증을 달라고 해서 주었다. 뭔가 계속

불편한 표정인 채, 그는 내 개인정보를 조회하기 시작했다. 이 은행은 내 월급통장 거래 은행이고, 직장과 계약금고 관계다. 그래서 내 개인정보를 많이 가지고 있다. 직장 내 근무부서, 직급, 사무실 내선 번호 등등.

갑자기 은행직원의 표정과 목소리가 부드러워졌다. 휴직이 아닐 때도 별로 다르지 않지만, 휴직 중인 내 통장 잔액은 여전히 겸손한데도 말이다.

"시청에서 근무하시나 봐요."
"네, 근데 지금은 휴직 중이라 근무는 안 해요."

"복직하면 이 부서로 다시 가시는 건가요?"
"어느 부서로 복직하게 될지는 인사가 나야 알 수 있어요."

내 정보를 조회하기 전이랑 계속 같은 표정과 말투였다면 나았을까. 끝까지 나에게 말 한마디 안 건넬 것 같은 태도였으면 차라리 좋았을까. '아, 직장 때문이었구나. 진짜

백수 되면 큰일 나겠구나' 싶었다. 은행 직원은 카드를 발급하는 내내 휴직 생활, 휴직제도, 직장에서 휴직을 받아들이는 분위기 등 여러 가지를 물어왔다.

유모차를 밀고 집으로 오면서 '나 때문이었나.' 싶었다. 혹시, 그 체크카드 발급에 나이 제한이 있어서 그랬나? 그건 아니다. 내가 건넨 첫마디가 그 카드를 만들러왔고, 내 나이를 말한 것이었으니까. 내 행색이나 외모 때문이었나? 아니다. 휴직했기 때문에 오히려 추리해 보이지 않으려 깔끔하게 입고 다녔다. 뭐야 그럼, 진짜 마지막으로… 아니다 내 얼굴, 그렇게 혐오감을 주는 얼굴 아니다. 진짜다. 믿으세요. 여러분… 여러분?

아이를 키우는 엄마였던 그 은행 직원분도 나에게 아빠가·남자가 대단하다는 말을 빼놓지 않았다. 휴직하고 나서, 나는 아무 이유 없이 이상한 사람도 되었다가 대단한 사람도 된다.

MZ이 문제라고?

늘 그랬다. 옛날에도. X세대, 이 단어로 세상이 얼마나 뜨거 웠는지를 기억한다면 지금 기성세대거나 노년층이다. X세대 에 오렌지족, 야타(야놀자 그런거 아니다)까지 결합해 세상이 뭐 무너질 것처럼 떠들었다.

세대론은 누가 만들어 내는 걸까. 교수님들이나 기자님들 께서 만들어 내겠지. 요즘은 인터넷에서 시작될 수도 있겠다. 논문을 팔거나, 기사를 팔거나, 마케팅 대상을 긁어내거나, 어 그로를 끌고 싶었겠지. 누가 시작했는지 찾아보면 알겠지만,

굳이 찾아보지 않겠다.

X세대니, MZ이니, 90년대생이 온다느니. 늘 있었던 일이니까. 감히 예상해 본다면 2000년대생도 오고 2030년대 생도 올 것이다. 혹시 안 올 수도 있지만, 나라면 온다는 것에 배팅하겠다.

젊은 세대는 늘 오고, 기성세대는 늘 간다. 세상 흐름이다. 기성세대에겐 새로운 세대는 늘 이해 불가하고, 버릇없다. "요즘 젊은것들은 버릇이 없다"라는 말은 고대 벽화에도 있다지 않는가. 어쩌면 기성세대가 요즘 애들 버릇없다는 이야기를 장황하게 하고 싶을 때 세대를 만들어 내는 건 아닌가 싶다.

우리도 그 시절 놀고 싶었다. 공부하기 싫었다. 꼰대들과 일하기 싫었다. 우리는 그랜저가 성공인 줄 알고 살았다. MZ은 아마 멋진 외제 차를 사고 싶겠지. 달라진 것은 그것뿐이 아닐까?

100년 전에 태어난 에리히 프롬의 글을 읽어보면, 지금과 문제의식이 다르지 않다. 100년 전에 쓰인 마르크스의『자본론』을 읽어보면, 여전히 우리는 최저임금으로 싸우고 있다. 1950년대에 쓰인 필립 피셔의『주식 투자론』을 읽어보면 지금과 변한 게 없다.

다만 세상은 기성세대의 문제를 젊은 사람들이 해결하면서 가는 것은 아닐까? 전 세대의 독재를 새 세대가 해결하듯이. 지금의 Z세대는 세상을 해결하고 있다. 단지 그것이 기성세대가 익숙하지 않은 방법일 뿐이다.

『인생수업』(법륜, 2013, 한겨레출판)과 법륜스님이 진행하시는 즉문즉설 중에 결혼하지 않는 자녀를 보고 걱정하는 어머니가 있었다.

스님은 본인은 결혼해서 행복하냐 묻는다. 질문자가 그렇지 않다고 대답하자. 스님은 호통을 친다. 그 정도 살았으면 삶에서 배운 게 있어야지, 본인도 행복하지 않았으면서 왜 자녀에게 결혼을 강요하냐는 대답이다.

젊은 세대는 결혼을 안 한다. 아이도 낳지 않는다. 기성세대보다 훨씬 똑똑하다. 지금의 기성세대는 그 전 기성세대가 알려준 대로 살았다. 졸업하고, 취업해서 직장 생기면, 결혼하고 애 낳고.

아무 생각 없던 기성세대와 달리 Z세대는 생각했다. 기성세대가 저출생이 국가의 문제라며 결혼해서 애 낳으라고 강요하는 건, 노동자와 세금이 필요하다는 말인데 내 행복보다 노동자를 낳고 세금을 내는 것이 더 중요한가를 생각해 본 것이다. 이런 사고가 세대의 발전이 아니라면 무엇일까?

기성세대는 말로만 가슴에 사표를 품고 다녔지만, Z세대는 정말 사표를 던진다. 기성세대는 IMF 이후 투자는 패가망신이라 부르며 애국심으로 금을 모았지만, 지나고 보니 은행 배만 불려줬고 투자한 사람들은 부자가 됐다. Z세대는 기성세대 실패에서 배웠다. 해외주식을 사고, 대출을 받아 부동산을 산다. 나 같은 기성세대는 아직도 투자를 겁내고, 빚은 귀신보다 무섭다.

너무 걱정하지도, 갈등하지도 말자. 게임만 한다고, 춤만 추고 다닌다고, PC통신만 한다고 기성세대도 어른들에게 다방면으로 욕을 먹고 살았지만, 그런 일들이 커져서 지금 대한민국의 국가 경쟁력이 되고 있지 않은가.

세상은 이렇게 한 걸음씩 가고 있고, 분명 나아지는 쪽으로 갈 것이다. 우리가 이해하지 못할 뿐이다.

문제가 있어도 결국 젊은 그들이 해결해 낼 것이다.

마흔, 이제 울 시간

3일간 교육 때문에 서울 인사동에 갔다. 직장에서 연계하는 교육이라 출근하지 않고 교육을 받으러 갔다. 출근하지 않고 교육이라니. 일단 좋다. 하지만 학생도 아닌데 가만히 앉아 교육받으려면 그것도 힘들다.

참, 세상 쉬운 게 없다. 그래서 그동안 교육 시간을 대부분 온라인으로 때웠다. 그러다 보니, 교육 필수 이수 시간이 한참 부족했다. 때마침 흔히 볼 수 없는 글쓰기 교육이 올라왔기에 냉큼 신청했다. 뭔가 설렁설렁 편한 교육이라는 냄새가 났기 때문이다.

기차를 타고 용산역으로, 그리고 다시 지하철로 인사동까지 갔다. 기차가 자주 없어 서두른 탓에, 교육 시간보다 일찍 인사동에 도착했다. 스타벅스에 들러 오늘의 커피를 주문하고 주변을 둘러봤다. 서울의 넓은 스타벅스가 이렇게 한산하다니. 출근 시간이 지난 수요일 아침. 여유 있게 커피를 마시며, 책을 읽으니 휴가 나온 기분이었다. 교육 오길 잘했다는 생각이 든다.

교육은 업무상 글쓰기와 관련된 내용. 그리고 공문에 올바른 문장 쓰기 같은 꼭 필요한 강의로 준비되어 있었다. 즉, 재미가 없었다는 말이다. 삶에 꼭 필요한 것들은 보통 재미가 없다.

다행히 흥미를 잡아끄는 짧은 강의가 있었다. 일상의 글쓰기를 다루는 수업이다. 교수님은 일상을 쓰는 법을 알려주고, 직접 글을 써서 제출하도록 했다. 글쓰기와 친해지도록 하는 목적이었다. 직장인들에겐 쓸모없는 수업일지 모른다. 그래서 가장 재미있었다.

교수님은 일반적인 이야기가 아닌 자신만 할 수 있는 구체적인 이야기를 써야 한다고 강조했다. 관념으로, 즉 머리로만 생각해서 쓰지 말라고 알려주셨다. 자신이 직접 본대로, 들은 대로, 느낀 대로 쓰라고 하셨다. 교수님은 삶을 제대로 바라보라며, 한국 남자들도 울음이 날 때는 울어야 한다고 강조하셨다.

"한국 남자들 참 불쌍해요. 울고 싶어도 울지도 못하고. 눈물이 나면 고개 들고, 아이고 와이라지 와이라지! 남자분들도 그러지 말고 울고 싶을 땐 그냥 우세요."

그리고 교재에는 이런 구절도 있었다.

'쓸 글이 없다는 건, 별 관심이 없이 마음이 없이 그렁그렁 살아가기 때문...'

'삶을 바로 보고, 바로 생각하지 않고는 어떤 글도 제대로 쓸 수 없다.'

삶과 글에 관해 이런저런 설명을 듣고 각자 글을 썼다. 자신의 이야기를 쓰고 한 사람씩 낭독했다. 공무원으로 자신이 성과를 냈던 기억. 서울에 교육을 와서 유명한 피부과에 들러, 큰 결심을 하고 돈을 쓴 일. 돌아가신 시어머니를 추억하는 내용. 자신만의 이야기를 모두에게 들려줬다. 여성분들은 이야기를 들으며, 많이 웃고 많이 우셨다. 여전히 남자들은 미동도 하지 않았다.

교육 중 연극을 보는 시간이 있었다. 대학로의 한 소극장이었다. 관심이 없던 나는 무슨 연극인지도 모르고 표를 받고 자리에 앉았다. 다리도 펼 수 없는 좁은 좌석. 텁텁한 공기. 무대 중앙에 옥탑방 고양이라는 글씨가 보였다. 나는 두 번째 줄에 앉았다. 첫 줄엔 여고생들이 앉아있었다. 주변엔 젊은 연인들이 가득했다. 아마도 사랑스런 연극인가보다.

연극이 시작됐다. 작은 오해로 전혀 모르는 젊은 남녀가 한 옥탑방에 같이 살게 되는 이야기다. 아무리 젊다해도 실제론 불가능할 비현실적 사랑. 그리고 현실은 옥탑에 살지만, 각자 멋진 미래를 향해 꾸는 꿈. 그걸 표현하는 몽글몽글한 말과 몸

짓이 이어졌다. 이야기가 진행되며 딸의 아버지가 등장했다. 아버지는 일자리 문제로 데모하러 서울에 왔다. 작가가 되려는 딸에게 용돈을 쥐여주며, 뭐 얼마나 대단한 글을 쓰려고 그러고 있냐며 다그친다. 그러지 말고 '9급 공무원 시험'이나 보라고 나무란다. 딸은 그런 이야기 하려면 그만 가라고 한다.

나는 누가 공무원 하라고 시킨 것도 아닌데, 하고 싶은 일을 제쳐두고 2008년에 공무원이 되었다. 꿈이나 행복 같은 단어들을 나의 언어로 규정할 수 없었다. 그저 얼른 돈을 벌어야 한다는 생각밖에 없었다.

첫 줄에 앉은 여고생들이 연신 눈물을 훔친다. 여고생들은 사랑 이야기 때문에 울었을까, 꿈 이야기 때문에 울었을까. 어쩌면 삶을 사랑하는 게 꿈일까. 삶을 사랑한다는 건 울컥하는 게 아니라 우는 건 아닐까? 나도 울컥해진다. 하지만 눈물을 꾹 참았다.

공무원으로 살며 나도 삶을 그저 그렁그렁 살고 있는 건 아닐까? 그래 이제 울컥은 그만두자. 솔직하게 실컷 울 시간이다. 그리고 마음에 무언가 꿈도 다시 품어볼 시간.

코인 팔아
100만 원 기부

**"정인이 사건...
내가 할 수 있는 일이 이것밖에 없구나."**

인터넷 뉴스를 끊었다. 오래됐다. TV를 보지 않은 건 더 오래됐다, 5년쯤. 소비가 줄었다. 불안과 분노가 사라졌다. 시간이 많아졌다. 포털 사이트에서 검색할 때면, 순간적으로 뉴스제목이 눈에 스친다. 그래도 누르지 않으려 노력한다. 세상일을 모르고 살 것 같지만, 그래도 필요한 일은 어떤 경로로든 알게 된다.

알고 싶지 않은 일을 알게 됐다. 정인이 사건. 전혀 모르고 있었다. SNS나 커뮤니티까지 안 보는 것은 아닌데, 그땐 이상

할 정도로 전혀 몰랐다. 비서로 근무하던 때다. 갑자기 아동보호센터 방문 일정이 잡혔다. 일정 보고서에 정인이 사건에 관해 간략히 적혀있었다.

지역아동보호센터를 방문했다. 우리가 기부단체로 익숙하게 알고 있는 단체들. 그 단체들이 지역마다 아동보호센터를 운영하고 있었다. 아동학대 사건을 신고받으면 민간인 신분인 센터 직원이 출동한다. 사건의 심각성에 따라 시청 복직공무원이나 경찰까지 함께 출동하기도 한다. 공무원인데도 이런 사실을 처음 알았다.

우리에게 누구를
욕할 자격이 있을까

센터 직원분들 이야기를 들었다. 아동 관련이라도 학대 폭력 사건이다 보니, 출동하면 위험에 노출되는 경우가 많다고 했다. 담당 구역도 무척 넓었다. 한 센터에서 3~4개 시군을 담당하고 있다. 일이 힘들어 그만두는 직원분들도 많다고 했다. 급여도 낮았다.

우리가 학대인지 몰랐던 걸 학대로 인식하는 긍정적 변화가 생기면서, 요즘 갑자기 학대 사건이 자주 발생하는 것처럼 보일 수도 있다고 하셨다.

코로나19가 처음 시작됐을 때. 갑작스러운 개학 연기. 출근해야 해서 아이만 집에 두었다. 외국이라면 나도 아동학대범이다. 옆집에서 우는 아이 소리가 크게 났는데, 신고하지 않은 적도 있다.

우리는 무엇이 학대인지도 모르고 살았다. 센터 한 곳이 넓은 곳을 감당해야 할 만큼 시스템도 제대로 갖추지 못했다. 이런 곳에 사용할 예산은 정치인도 우리도 관심을 두지 않았을 테니.

내가
할 수 있는 일

용돈으로 50만 원쯤 코인 이더리움을 사놨었다. 50만 원이 10여만 원까지 내려갔다. 그런데 이때쯤 갑자기 오르기 시작했다. 이미 코인으로 돈 벌기 쉽지 않다는 걸 알고 있을 때였다. 어떻게 알았는지는 말하고 싶지 않다. 나도 알고 싶지 않앴다. 아무튼 그래서 미련이 없었다.

큰돈을 넣은 게 아닌데도, 가격이 오르니 계속 쳐다보게 됐다. 그냥 100만 원에 자동 판매 설정을 하고 앱을 닫았다.

인터넷을 둘러보니 정인이 사건으로, 온 세상이 분노를 담는 그릇이 되어있었다. 분노하는 것이 옳다. 하지만 뉴스와 분노만으로는 그 힘이 약하다. 오래 가지 못한다. 끓었다가 식는다.

각자의 자리에서 할 수 있는 일을 해야만 한다. 정인이 사건에서 내가 할 수 있는 일은 이것밖에 없었다. 아동보호센터를 운영하는 재단 한 곳을 신중히 골랐다. 이더리움이 100만 원이 되었을 때 찾아서 그 재단에 기부했다.

그 후로 매년 100만 원을 기부하기로 마음먹었다. 실제로 했을까. 작년엔 일시적으로 외벌이가 되어, 대출 상환도 못 하던 처지라 기부하지 못했다. 올해는 대출을 다 갚아서 조금씩 돈이 모이길래 어린이날에 기부하려 했다가 다른 돈 쓸 일이 생겨서 하지 못했다.

마흔넷인 나는 아직 100만 원도 쉽게 마음을 못 낸다. 아직 나는 어른이 되지 못했다. 그래도 기부도 이제 첫걸음은 뗐다.

간헐적 은퇴

월요일. 아침. 출근하지 않는다. 도서관에 근무하면 토요일이나 일요일에 출근한다. 월요일에 쉰다. 월요일에 무엇을 해야 할까. 월요일엔 모든 사람이 어디론가 떠난다. 혼자 남은 조용한 요일은 뭘 하면 좋을까. 혼자 영화를 봤다. 넓은 극장에 혼자다. 혼자 밥도 먹고, 커피도 마시고.

차츰 집에 있게 된다. 혼자 영화 보고, 밥 먹고, 커피 마시는 일은 집에서 더 충만하게 할 수 있는 일이니까. 나도 일하지 않고 살기를 원한다. 사람들은 일이 없거나 은퇴하면 그 적막함을 못 견딜 거라고도 한다.

나는 최소한의 돈만 있으면 가능할 것 같다. 작년에 10개월간 직장에서 마련해 준 장기 교육을 받으며, 나는 교육과 별도로 내 실험도 했다. 일없는 상황을 얼마나 잘 견딜 것인가? 물론 교육을 받으니, 일이 없는 건 아니다. 그래도 평소보다 한가해진 상황을 잘 즐겼다. 견디지 않고 즐겼다. 기획실과 비서실에서 매일 이른 아침 출근해서 자정 가까이 퇴근하는 생활을 무던히 지나왔지만, 아무 일 없는 상황은 더 잘 지낼 수 있다는 확신이 왔다.

　오롯이 혼자 지내는 하루는 이렇게 채운다. 명상, 요가, 걷기, 등산, 커피, 요리, 책 읽기, 글쓰기, 음악 듣기, 영화 보기. 가끔 여행이나 전시회 관람이 추가된다. 이런 것엔 돈도 별로 필요 없었다. 물론 별로라는 건 상대적 기준이겠지만.

　돈 벌기 위해 일하지 않고, 느긋하게 살고 싶다고 말하면, 사람들은 매일 그렇게 살면 지루해서 못 견딘다고들 말했다. 실제로 은퇴한 퇴직자들이 우울하게 시간을 보낸다는 이야기가 쉽게 들렸다. 나는 이 실험을 10개월간 했다. 매일 아무 일이 없는 것은 아니었지만, 이 생활의 기조를 유지했다. 실험의 유효성을 확보할 만큼은 유지했다. 내겐 너무 잘 맞는다는 걸 확인했다. 『월든』(헨리 데이비드 소로우, 2011, 은행나무) 이후로 이런 실험을 한 사람이 나뿐인 것도 아니다.

장기 교육을 받으면 누구나 그런 생활을 하는 것 아니냐고 생각할 수 있겠지만, 교육 초기 코로나19로 2달간 줌을 통한 온라인 교육일 때도 나는 저런 생활을 유지했다. 하지만 교육원으로 모였을 때 우울증이 올 것 같다는 하소연을 한 사람도 많았다. 아직도 많은 사람이 혼자 있는 시간을 잘 견디지 못한다.

혼자 있는 시간이 필요함은 많은 철학자와 강연자들. 또 수많은 다양한 책에서 이야기한다. 혼자 있는 시간이 없으면 자기 스스로가 자기 삶에서 무엇을 원하는지 알 수 없다. 즉, 자기 삶 자체가 타인의 욕망대로 조종되는 인형극이 될 뿐이다.

틈나는 대로 난 이렇게 은퇴 시뮬레이션을 해본다. 모든 건 연습이 필요하니까. 이번 월요일엔 명상, 청소, 세차. 점심엔 더우니까 시원한 메일국수를 만들고 만두를 구웠다. 오후엔 장을 봤다. 부대찌개를 만들고 계란후라이를 해서 저녁을 먹었다. 여름 냄새가 솔솔 나려 하니까 방울토마토 껍질을 까고 매실청과 로즈메리를 넣어 방울토마토 매실 절임을 만들었다. 초여름 같은 하루가 만족스러웠으므로 레몬 넣어 하이볼을 만들어 마셨다.

도서관에서 내 은퇴 실험은 월요일마다 계속된다.

물론, 그래도 다시 출근!

작은 응원

'나는 박봉에도 대출 없이
기부하며 미래를 꿈꾸며 산다.'

제 원고를 읽은 출판사 대표께서 해주신 말입니다. 이런 철학을 세워놓고 공무원 생활을 했다면 거짓말입니다. 돌아보니 우연히 그렇게 됐습니다. 다행히 많이 괴롭지 않고, 종종 행복했습니다.

젊은 공무원들이 어려움을 겪고, 퇴사를 고민한다고 합니다. 그래서 제 나름대로 공무원 잘 다닐 수 있는 간단하고 현실적인 해결책을 전해주고 싶었습니다.

특히 7, 8, 9급 공무원에게 도움이 되었길 기대합니다. 공무원 시험을 준비하는 분들. 자녀에게 공무원을 추천하는 부모님들께서 읽으셨어도, 도움이 되셨을 거라 믿습니다.

포털사이트 'Daum'에서 운영하는 '브런치'라는 곳이 있습니다. 아마추어부터 프로작가까지. 시부터 실용 분야까지. 모든 분야의 글이 하루 내내, 1분에 2편씩 올라오는 국내 최대 인터넷 글쓰기 플랫폼입니다.

그런 '브런치'에서도 공무원에 관한 글은 대부분 부정적입니다. 인터넷에선 이혼, 퇴사, 불평 같은 자극적인 글이 이목을 끌기 좋지요. 그 틈에서 외롭게 공무원 생활 슬기롭게 하는 방법을 연재했습니다.

꼰대의 훈수처럼 느껴질 수도 있는 이 글들. 연재 두 달 만에 무려 30만 명이나 읽어주셨습니다. 아직 많은 사람이 공무원이라는 직업에 작은 희망을 품고 계신 건 아닐까요? 그 희망 덕분에 이 책이 세상에 나올 수 있었습니다.

그런 희망에 이 책이 작은 응원이 되었길 바랍니다.
고맙습니다.

덕분입니다.

훌륭한 리더는 어때야 하는가를 늘 행동으로 가르쳐 주시는 '신' 팀장님. 나태한 공무원이 되지 않도록, 늘 새로운 정책 아이디어를 주시는 '조' 팀장님. 삶에서 계속 도전하는 모습을 보여주신 두 분 덕분에, 저도 책을 쓰는 새로운 도전을 할 수 있었습니다.

선배이자 전임자, 그리고 친구인 '김' 팀장님.

누군가로부터 제 공직 생활이 조금이라도 괜찮다는 평을 받을 수 있다면, 그건 팀장님이 제게 늘 좋은 조언을 해주는 덕분입니다.

이 책을 쓰게 된 출발점에는 열정 가득한 Z세대가 있습니다. 질문하고 도전하기를 주저하지 않는 이○영, 신○미, 김○영 주무관님. 세 분 같은 분이 있기에 공직 사회는 희망이 있습니다.

『공무원이여 회계하자』(2023, 이비락)의 저자 서은희 님. 도서관 신간 코너에서 우연히 발견한 이 책을 읽고, '이런 책이 많아지면 후배들이 일하면서 힘들어하지 않겠다.'고 생각했습니다. 서은희 작가님 책과 Z세대 후배들이 있었기에 이 책을 시작할 수 있었습니다.

공직 생활을 하는데 선배님들이 계시지 않았다면, 저는 아직도 한창 헤매고 있었을 겁니다.

- 엄한 아버지 같으셨던 '박' 전 국장님(전 면장님)
- 일을 마음대로, 하고 싶은 대로 펼쳐보라고 해주셨던 '전' 전 국장님(전 기획실장님)
- 공직 생활의 가장 치열한 때를 함께 해주신 '허' 국장님(전 기획팀장님)
- 기획 업무의 나침반이 되어주신 '안' 정책보좌관님
- 9급 때부터 롤모델이셨던 '윤' 과장님(전 비서실장님)
- 최근 보직 없는 계륵 같은 6급을 따뜻하게 대해주신, '김' 과장님과 '이' 과장님.

공무원 저자들을 만나며, 공무원에 대한 인식이 확~ 바뀌었다는 출판사 대표님. 공직자들의 목소리를 들어주셔서 고맙습니다.

어떤 단어로도 감사함을 표현할 수 없는 가족들. 대전에 계신 부모님, 그리고 장모님과 하늘에 계신 장인어른. 장인어른처럼 살펴주시는 서울 삼촌.

그리고 아내와 두 딸.

말 없는 아들, 사위, 남편, 아빠를 늘 이해해 주어 고맙습니다.

도서출판 이비컴의 실용서 브랜드 **이비락**樂 은 더불어 사는 삶에
긍정의 변화를 줄 유익한 책을 만들기 위해 노력합니다.

원고 및 기획안 문의 : bookbee@naver.com